베짱이와 일벌의 금혼식

베짱이와 일벌의 금혼식

초판 1쇄 인쇄 | 2022년 5월 8일
지은이 | 안정혜
펴낸이 | 이재욱(필명:이승훈)
펴낸곳 | 도서출판 수필in
주 소 | 서울 영등포구 경인로82길 3-4(문래동1가 39)
         센터플러스빌딩 1004호(우편07371)
전 화 | 02-2612-5552
팩 스 | 02-2688-5568
E-mail | jlee5059@hanmail.net

등록번호   제2021-000164
등록일자   2021년 10월 6일

ISBN   979-11-976282-9-0

베짱이와 일벌의 금혼식

안정혜

필in

프롤로그

이제 무성하던 잎새가
장밋빛 노을 속으로 단풍이 지고 있습니다

다섯 살 여자아이가 꽃을 들여다보고 있습니다.
흰 냉이꽃 그리고 노랑 꽃다지 꽃과 보라색 제비꽃을 황홀한 눈빛으로 보고 있습니다.

이것은 해맑은 영혼을 취하게 한 내 생애의 최초의 무대 배경입니다.
다섯 살 봄 나는 동생 둘과 함께 홍역을 앓았습니다. 치료제가 없던 시절이라 어머니와 함께 안방에 요강을 들여놓고 꼼짝없이 갇혀 살다 해방된 날입니다. 봄볕이 나를 대문 밖으로 불러냈고 그 꽃들이 나를 환호했습니다. 최초의 기억입니다.
그 며칠 후 동내 언니들을 따라 봉위산(춘천)에 참꽃을 꺾으러 갔습니다. 그 정경은 눈부심이었고 지금 생각하면 하느님의 정원으로 기억됩니다.

심리학자에 따르면 생의 첫 기억은 자신의 인생에 큰 영향을 끼친다고 합니다. 알을 깬 아기 새가 첫 번째로 본 어미 새를 엄마로 알고 따르는 것과 관계가 깊을 듯합니다. 그 후 내 삶에는 언제나 꽃이 따랐습니다. 전후(戰後) 모든 게 복구되기 전 먹고살기 힘들던 시절, 도랑 가에서 주운 매화가 그려진 화투장 하나를 주머니에 넣고 다니며 보고 또 보고 흐뭇했던 기억도 생생합니다.

차차 목가(牧歌)적 삶이 내 안에서 자라기 시작했고, 내 무대는 일찌감치 그린으로 색칠되었으며 그 잔잔한 꽃들로 채워졌습니다. 아울러 예츠의 이니스프리 호수섬을 동경하며 중년을 보냈습니다.

이미 사십 직전에 제주에 들어와 귤나무와 살았고 과수원은 그 자체로서 나의 정원이 되어 주었습니다. 눈발이 성성해도 수선화와 동백은 피었습니다. 매화까지 피면 벌들은 추위를 무릅쓰고 암향을 찾아들었습니다.

은퇴 후 두 번째 제주 과수원으로 돌아오면서 남편은 사슴을 입식하고 흑염소며 오리 닭도 함께했습니다. 두 번 젖 염소를 길러 젖을 짰지만, 이번엔 연결되지 않았습니다. 늘 꿀벌도 치고 싶었지만, 그가 관망만 했습니다.

과수원 안에서 단순하고 조용하고 순수한 삶을 추구해가는 여정의 문을 연 것입니다. 그러면서 내 눈에 들어온 책은 헬렌 니어링의 자전적 기록인 『아름다운 삶, 사랑 그리고 마무리』였습니다. 내 마음엔 스파크가 일었고 은연중에 그들의 삶을 패러디하고 있었습니다. 우선 그들처럼 글이 쓰고 싶어졌습니다.

수필을 쓰기 시작했습니다.

글쓰기에 금세 취해버리자 부작용이 생겨났습니다. 과수원에서 내 몫의 일이 밀려가기 시작했습니다. 공부한다고 여기저기 쫓아다니다 보니 남편이 우울 증세를 보였습니다. 협조해 주지 않았습니다. 그의 눈으로 보면 나는 외도 수준이었을 테지만 내 입장으로 보면 이제야말로 인생의 또 다른 신명을 찾은 느낌이었습니다.

금방 멈추기 힘들었습니다. 이미 가속페달을 밟았으니 어쩔 것인가. 안전 속도가 필요했습니다. 힘들었습니다. 나는 더 이상 나만 생각할 수 없었습니다. 가장 소중한 인생 파트너가 외로워하는 데 무슨 수가 있겠습니까. 시간이 필요했습니다. 그러므로 첫 번째 수필집엔 그와의 불협화음이 섞인 『꽃짐을 진 당나귀』를 내놓게 되었습니다.

수필을 쓴다는 것, '나는 누구일까?'를 알아가는 여정. 자아의 정체성을 찾아가는 일, 기억의 저장고 맨 밑에 잠자고 있던 생의 첫 기억까지 소환해 냈습니다. 나를 들여다보다 보니 자연히 어린 시절 저편의 첫 기억에까지 닿은 것, 까맣게 잊고 살았지만, 무의식 속, 아니 영혼 속에서는 항상 앞장섰음을 알아차린 겁니다. 바로 그 영성이 앞에서 나를 끌고 다닌다는 생각이 들었습니다.

다시 말해 수필을 쓴다는 건, 자신의 기억(記憶)과 지력(智力)과 의지 소유한 모든 것과 우주(宇宙)까지 품은 거대한 산에서 인생의 편편(片片)을 찾아내기 위해 삽을 들이대는 일입니다. 변변치 못한 돌덩이만 쏟아져 나왔습니다. 그래도 마음이 가는 거친 돌덩이를 씻고 닦고 갈았습니다. 개중에는 보석도 있어 다듬고 보듬고 가슴에 품었습니다. 또다시 그 시절을 소환하여 재조명하며 자세히 들여다보며 지금 쓰고자 하는 제재와 결합시켰습니다. 과거와 현재로 짜여진 모자이크 무늬가 탄생했습니다. 이 모자이크 무늬가 비단에 그려질 수도 있고 순면에 수놓일 수도 있습니다. 그걸 두 번째 바구니에 담아 수필집 『제5 계절』을 내놓았습니다. 그때가 저의 golden age 아니었을까 생각해 봅니다.

이번에 세 번째 수필집 『베짱이와 일벌의 금혼식』을 냅니다.

남편이 무던히 기다려 준 덕인지 내가 많은 걸 내려놓

은 덕인지 마음 편하게 글을 쓸 수 있었습니다. 그 사이 금혼식도 맞을 수 있었습니다. 인생의 여러 통과 의례를 거치면서, 또 글을 쓰면서 세월이 주는 약 덕인지 우선 나 자신과 화해하고 나니 옆이며 주변이 편안해졌습니다. 탐진치에서도 자유로워 가고 있는 중입니다.

  이제 무성하던 잎새가 장밋빛 노을 속으로 단풍이 지고 있습니다.

  일차 교정을 봐준 김현숙 선생께 감사드리며 책을 만들어 주신 해드림출판사(수필in)에 깊은 감사를 보냅니다.

2022년 봄
아름다운 계절에 안정혜

차례

프롤로그	4
에필로그	276

1부
나 I

Who are you?	14
안 영악과 뚝 바우, 그리고 사임당	20
착각 한 사발	25
손	30
삶의 향기	36
그리운 것에 대하여 2	41
참 좋은 나이	47

2부
그대

리모컨	53
남편의 뜰	58
베짱이의 변신	65
금혼식	71
그대 있음에	76
사려니 숲에서	83

3부
아름다운 사람들

성모 마리아	92
취하는 것이 술뿐이랴	97
아름다운 밤을 위하여 2	102
사랑 그리고 마무리 이후	107
시(詩)로 물든 황금빛 인생	114
꽃무릇	119
인생 노트	123

4부
시역피야
是亦彼也

어여쁜 소녀와 붕새	132
역설적인 삶	138
자아실현	144
정답 없다	150
말의 온도	156
침묵의 세계	162

5부
나 II

제5 계절에 세(貰) 들다	170
네 잎 클로버	175
인생무상	180
대변	185
숨을 곳이 없었다	192
회귀(回歸)	199

6부
여인 삼대
三代

별을 진 당나귀	207
노인과 아이	212
세 살배기	219
다시 태어난다면 2	225
며느리 삼대	229
서울이여 안녕	236

7부
내 사랑 봉동리

신의 암호를 풀어라	244
감자꽃 필 무렵	250
인삼밭에서 벼가 자라기까지	255
진화와 퇴화	261
마을 자랑	265
우리는 나그네	271

1부
나 I

Who are you?

안 영악과 뚝 바우 그리고 사임당

착각 한 사발

손

삶의 향기

그리운 것에 대하여 2

참 좋은 나이

Who are you?

나이 들수록 사진 찍기가 싫어진다.

내가 환갑일 때 찍은 가족사진엔 지금 열두 살 된 손자가 태어나기 전이라 빠져있다. 이번 남편 팔순을 맞아 그 애와 함께 가족사진을 찍긴 해야 할 텐데…. 많지도 않은 가족이 이 글로벌 시대에 한날한시에 모인다는 것도 만만치 않다. 남편의 생일은 1월이었지만 유학 중인 손자 손녀가 겨울 방학이 짧아 오지 못했다. 거기다 서울 사는 외손녀 둘은 대학입시 발표 전이라 집안이 무거웠다.

오월이 되자 손녀가 대학 졸업과 동시에 대학원 등록을 마쳤고 손자도 뒤이어 두 달 방학을 했다. 외손녀 둘도 원하는 대학에 입학해서 아들네 딸네 모두 축제 분위기였다.

우리 내외와 아들네 네 식구, 딸네 네 식구, 모두 열이 예약한 서울 사진관에서 만났다. 내 눈에 대학 일년생인 외손녀 둘과 손자는 아이돌 같고 대학원생 손녀는 탤런트 같다. 남편은 통통해서 보기 좋은데 나는 왜소하고 주름이 많아 신경이 쓰였다.

두 주일 후 딸이 사진을 가지고 내려왔다.

"와, 이럴 수가, 이건 너무 한 것 아냐? 이거 나 맞아?"

사진 속의 나는 오십 대로 며느리는 삼십 대로, 통통했던 딸은 다이어트된 모습으로 변했다. 남편도 젊어 보였다. 팔십인 그는 사진 속에서 영원히 오십 대 여자와 살게 되었다며 본색을 드러낸다.

포토샵이 나이를 이삼십여 년을 줄이고, 턱선을 V 라인이나 O 라인으로 만들 수 있는 세상. 여러 컷 찍은 사진에서 제일 잘 된 것을 골라 얼마든지 얼굴을 골라 붙일 수 있다. 얼굴에 주름과 잡티를 지우는 건 아무것도 아니고, 성형외과 의사 없이도 젊게 만들어 놓는 세상이다. 덕분에 한바탕 웃으며, 르누아르가 그렸음 직한 가족사진을 걸어 놓게 되었다.

나는 왜 포토샵 된 나를 좋아했을까, 팔십 대에 더 가까운 칠십 대가 아닌가. 그것은 팩트가 아니요, 웃고 있는 그 젊은 여자의 얼굴은 가면이 아닌가. 사실 요즘은 셀피(selfie) 족이라 하여 자신의 모습만 찍어대는 셀카족들이 수없이 많다. 그들도 제일 마음에 드는 모습을 위해 무조건 찍어대는 것이다. 그중 예쁜 것을 선택하기 위해서다.

근간에 당진의 아미산 부근의 '아미미술관'에 갔을 때, '시대의 자화상'이란 주제로 장대일 화가의 작품이 전시되어 있었다. 그는 말한다.

'당신이 당신이라고 믿는 당신은 당신이 아님에도 불구하고
당신은 당신이라고 생각하고 있다.
당신은 수많은 얼굴로 그때그때 모습이 변한다.
거울 속의 당신은 당신인가
본래면목(本來面目)
당신이 당신이라고 믿는 당신은 당신이 아니다.'
Who are you?

나를 두고 한 말 같았다. 그럼 Who am I?
그가 조각한 동일 인물인 세 남자의 얼굴은 이면이 깨져있다. 왜? 그 깨진 얼굴 속에는 수많은 그가 숨어있을 것이다. 반 고흐도 서른 장 넘게 자화상을 그린 바 있지 않은가. 표정은 누구나 수시로 바뀐다. 살다 보면 처지에 따라, 상대의 기분에 따라, 건강 상태에 따라, 그때그때 다른 내가 된다. 내 안에는 자비도 있지만 증오와 분노와 우

울 절망, 수많은 부정적 감정들이 요동치고 있다. 그 감정이 한 얼굴에 한꺼번에 노출되는 것은 아니다. 그 다면성은 필요에 따라 그때그때 페르소나를 아무도 모르게 뒤집어쓴다. 페르소나는 보호막인 셈이다. 비록 상대에게 내 속은 보이지 않았겠지만 자신을 속일 수는 없는 것이다. 그러므로 타인이 나라고 믿어 주는 나는 내가 아닐 수도 있다. 그들이 보는 것보다 훨씬 악하며 또는 선할 수 있다. 인간은 분명 단 하나의 자신으로 살아가는 건 아니기 때문이다. 상황이 더 심해지면 인간 자체가 완전 뒤집힐 수가 있다.

　유명한 일화가 있다. 레오나르도 다빈치가 그린 '최후의 만찬'에서 예수의 모델이 되었던 그 사람은 온유하고 아름다운 청년이었다. 육 년이 지나 유다를 그릴 때, 감옥의 사형수 중에서 택한 모델은 험악하고 흉한 흉악범이었다. 뒤늦게 알고 보니 그 둘은 동일 인물이었다. 인간은 표정만 바꾸고 사는 게 아니라 속속들이 변할 수 있음을 시사한다.

　몇 년 전부터 M 본부에선 가면을 쓰고 노래를 부르는 콘테스트 코너를 내 보낸다. 이름하여 '복면가왕' 뽑기이다. 두 사람씩 가면을 쓰고 death match로 한 사람이 떨어지면 궁금했던 가면 벗은 얼굴을 볼 수 있다. 탄력을 주는 궁금증이 목적인 셈이다. 가면을 쓰면 훨씬 마음 편하게 노래를 부를 수 있다고 말한다. 그만큼 페르소나는 인간을 자유롭게 한다?

과연 나는 누구일까?

내가 나를 얼마나 알까?

깊이 생각해 보지 않아도 나는 수 개의 페르소나를 가지고 있다. 수십 개를 지닌 사람도 있을 것이다. 나는 철면피까지 쓴 일은 없었을까. 분명 있다. 때때로 타인의 부정적 행동을 보면서 그래, 바로 저게 내 모습일 수 있을 거라 생각해본다. 상대가 보여주는 부정적 요소를 나도 다 지니고 있다. 진실을 숨기고 감추며 살다 보니 때때로 속으로 깨질 수밖에 없는 것이다. 심하게 깨졌을 때 우울과 병이 덮칠 수밖에 없다.

포토샵 된 사진은 페르소나를 쓴 나이다. 포토샵은 수정이고 편집이다. 실은 사진만 포토샵 되는 건 아니란 생각이 든다. 미술의 덧칠이며, 음악도 얼마든지 편곡할 수 있고 소설에선 악마도 천사로 만들 수 있다. 예술적 포토샵은 작가의 페르소나 된 모습이다. 사진이 겉을 수정하고 편집할 수 있다면 시와 소설은 내면까지 수정하고 편집할 수 있다.

가슴에 새겨진 추억 역시 세월과 함께 은연중에 수정되고 편집되어 가슴 저편에 저장된다. 한 편의 시로 그림으로. 어린 시절 살던 고향과 집은 부모 형제와 함께 포토샵 된 사진이다. 그 집을 생각하면, 가장 아름다운 궁전으로 기억된다. 추억은 그렇게 행복한 색으로 덧칠한 동영상이다.

내 글은 어떠할까. 추억과 팩트와 관념을 상상력으로 유추해서 쓴 내 글은 수도 없이 퇴고하고 짜임새를 변경하는 편집과 퇴고 과정을 거쳐 세상에 나왔다. 이미 추억은 미화되었던 것이고, 팩트는 내 성향에 맞는 눈으로만 보았을 것이니 나의 수필 역시 하드는 이미 포토샵 된 사진이리.

중요한 건 소프트이다. 그 속 깊은 본질, 소재의 진실과 영성까지 덧칠되고 편집될 수는 없는 일이다.

자신에 대한 불만 불평은 차차 자기애自己愛가 자라면서 얼굴과도 화해하고 유전자도 받아들이고 더 나아가 합리화까지 이르렀다. 노년에 이르러 둘러본 운명 역시 이미 덧칠이 되어 있었다. 노년에 이른 나의 인생 전반부는 이미 포토샵 된 동영상이 아니었을까.

Who am I?

안 영악과 뚝 바우, 그리고 사임당

초콜릿 한 상자를 택배로 보낸다. 육십여 년 전에 진 빚이다. 공소시효가 한참 지났지만 며칠 전에야 비로소 죄가 드러났기 때문이다. 그것으로는 원금은커녕 이자조차 어림없지만 일단 피고(내가)가 잘못을 인정한 이상 최소한의 물적 배상은 해야 한다. 까마득히 잊었던 일이다.

근간에 사진 정리를 하면서 중학교 일 학년 때 남동생과 찍은 사진 한 장을 보게 되었다. 그 사진 뒷면엔 단기 4289(1956)년 8월 18일, '안 영악과 뚝 바우의 기념 촬영'이란 글씨가 쓰여 있었다. 바로 밑의 여동생의 글씨체다. 아니 내가 안 영악이라고? 바우는 왜 뚝 바우가 되었고? 한바탕 웃음이 터지고 나서야 정색을 했다. 이건 익살꾼 동생의 유머일까, 진심일까. 아니면 빗댐일까.

나는 맏딸이었고 여동생 밑에는 바우라고 부르는 사진 속 남동생이 있었다. 바우는 우리 어머니가 딸 넷을 내리 낳고 얻은 조선에 둘도 없는 아들이었다. 어머니는 내 밑과 그 여동생 밑의 여자애 둘을 홍역으로 잃었다. 그래서 우리는 그때 열세 살, 아홉 살, 다섯 살로 네 살 터울이 되었다.

지금 생각하면 어머니는 몸이 상당히 약하셨던 것 같다. 내게 일을 많이 시키셨다. 여중 시절, 어머니는 아침에 잘 일어나지 못하셨다. 내가 밥을 짓지 않으면 지각을 면치 못했다. 학교에 다녀오면 마루 닦아라, 설거지해라, 애기 보아라 등등. 나는 당시 사춘기가 시작되었지 싶다. 그래서일까. 모든 게 마음에 들지 않았다. 그때 고모와 사는 같은 반 어리숙한 친구에게 "우리 같이 가출하지 않을래?" 하며 꼬드겼다. 하나 그 애는 대경실색했다.

지각은 모범생(?)의 자존심의 문제였다. 아버지가 불을 때 주시고 내가 밥을 해서 아침을 차렸다. 내 도시락까지는 꿈도 못 꾸었다. 학교 다녀와서 늦은 점심을 먹고 나면 나른해서 아무 일도 하기 싫었다. 그때 어머니가 청소 좀 해달라고 부탁하면 난 여동생에게 "십 환 줄게 네가 해라!" 시켜 놓고 도망쳤다. 알사탕 한 개 값이 십 환이던 때였다. 고단함과는 상관없이 탁구도 치고 놀다가 저녁 먹을 시간에 들어갔다.

동생은 내 말을 잘 들었다. 네 살 아래라 그때만 해도 지능은 천양지차였다. 내 명령을 어길 수 없는 게 아니라 그만큼 순했다. 어떤 날 내 마음이 내키면 화롯불 속의 부젓가락으로 동생에게 파마를 시켜주겠다며 머리를 죄다 볶아 놓았다. 어느 때는 명절 때 해 준 치마저고리에서 통치마를 분해해 꼬리치마로 만들어 입혀 내보냈다. 나는 엄마가 시키는 일은 안 하고 저지래만 쳤다. 한마디로 극성스러웠다. 언제는 추석빔인 그 애 분홍치마를 검정으로 물들인다고 버려 놓았다. 때때로 나를 따라오려 하면 막무가내로 쫓아버렸다. 그러면서도 내게 시킨 심부름은 돈 십 환을 준다고 많이도 꼬드겨 먹었다. 그 빚을 고스란히 떼어먹고 지금에 이르렀다.

여동생은 툭하면 남동생 바우한테도 시달렸다. 작은누나의 것은 모두 제 것인 양 마음대로 굴었다. 바우는 작은누나의 가방을 뒤져 노트를 찢어 딱지를 접었다. 어쩌다 제출해야 할 숙제가 딱지가 될 때도 있었다. 바우에겐 뵈는 게 없었다. 어머니에게 있어 바우는 천상천하 어떤 보물보다 귀했다. 육이오 직후에 태어났지만 옷도 멋지게 입히고 먹을 것도 따로 가려 먹인 왕자였다.

여동생은 지금 말로 낀 세대라 언니한테 눌리고 동생

한테 밀렸다. 그렇지만 성격이 좋아 내게 대드는 일이 없었다. 엄마는 나한테 일은 시켰지만 천하에 둘도 없는 맏딸로 기를 세워 주었으므로 나는 왕 대장이었다.

안 영악이 철들자 어머니가 마흔둘에 먼 길을 떠나셨다. 그때 나는 열일곱, 뚝 바우는 아홉 살이었다. 바우는 굴건제복한 맏상제가 되어 상주 노릇을 하다 말고 밖에 나가 동네 애들과 상제 지팡이로 칼싸움을 하고 돌아다녔다. 대장 안 영악의 전성시대도 끝이요, 왕자 뚝 바우의 영화도 막을 내렸다.

그로부터 높은 파고의 세파에 부대끼며 안 영악도 뚝 바우도 이제 바닷가의 몽돌이 되었다. 여동생은 여전히 부드럽고 안상(安詳)하여 사임당을 연상케 하는 교사로 은퇴했다.

그 옛날, 내가 대학 졸업한 그해 봄 실험실에서 에테르 인화 사건으로 화상을 입고 입원하고 있을 때, 교육대학교 수업을 제치고 먼 길을 당장 달려와 주었던 여동생이다. 난 그때 나를 보자마자 울어 주었던 그 애 모습을 잊지 않고 있다.

오늘 2월 26일, 여동생의 생일이면서, 뚝 바우의 아들이 서울대에서 박사학위를 받는 날이다. 여동생에게 생일 축하 명목으로 초콜릿 한 상자를, 뚝 바우에게도 초콜릿을 보냈다.

  초콜릿 한 상자의 의미, 동생은 알까.

착각 한 사발

　여덟 시 버스를 탄 봉동리 사람들의 평균 연령은 팔십 쯤이다. 내가 타고 그다음 정류장에서 나와 동년배로 보이는 여자가 타더니, 다짜고짜 기사에게 좀 전에 가방을 자리에 두고 내렸다며 우겼다. 자기 앉았던 좌석을 가리키며 가방을 못 보았냐고 다그친다. 아침이라 종점에선 몇 사람 내리지도 않았고, 거기서도 못 보았다고 기사는 말했다. 그녀가 다른 데 놓고 와서 착각하는 건 아니었을까. 나도 착각 박사니, 짐작건대 그녀 역시 그랬지 싶다.
　몇 정거장 지나서 팔십 대 할머니가 타셨다. 버스비는 손에 들고 있던 카드로 결제했다. 다음 정류장이 가까웠을 때, 그분이 깜짝 놀라며 정류장 의자에 가방을 두고 그냥 버스를 탔다는 것이다. 아하, 가끔 보는 일이다.

나는 은행에 돈을 찾으러 나가는 중이었다. 그날따라 나가는 분들이 많았다. 뒷좌석에 앉아 졸다가 얼핏 생각하니 통장을 바꿔서 가지고 나온 느낌이 들어 가방을 뒤졌다. 이럴 수가, 나야말로 오늘 착각 한 사발을 마시고 나왔나 보다.

아이들이 어리던 시절, 아들 생일에 같은 반 여학생이 나무판에 그림을 그려 왔다. 그 애들 사이에 무슨 일이 있었는지 그림 뒷면에 '착각은 노망의 지름길'이란 글귀를 써놓았다. 그때는 너무 우스워 웃어댔지만, 가끔 그 말이 생각난다. 근간에 동네 보건진료소에서 인지능력검사를 받았는데 몇 년 전과 차이가 났다.

실수가 잦아진다. 나이 들으니 실수가 착각에서 오는 경우가 많다. 그야말로 '착각이 노망의 지름길'임을 실감하게 된다. 젊을 때의 착각과 전혀 다르다. 젊어선 잘난 줄 알고 설치다 착각한 게 많다. 내 인생에 없다고 믿었던 사건을 하나하나 겪으며 예까지 왔나 보다. 어리던 시절, 내 친구 엄마는 죽어도 내 엄마는 안 죽을 것이라 믿었다. 중년엔 내 남편만은 바람기로 날 울릴 일이 없을 거라고 믿었다. 더더욱 그가 실직하는 일이란 있을 수 없다고 믿었다. 내 아들딸만은 내가 못 이룬 꿈을 다 이루어 줄 것이라 확

신했다. 살다 보니 남이 겪는 일이 바로 내 일이었다.

  나이 들어서의 착각은 인지능력 저하와 같은, 뇌 기능이나 혈관의 퇴화로 온다. 우선 단어들이 재깍 입에서 나오지 않고 건망증이 심해진다. 뒤돌아서고 눈에 안 보이면 잊는다. 좋은 일뿐 아니라 참기 힘든 분노나 슬픔도 그때뿐 잠시 머물다 사라지니, 뒤집어 보면 이도 좋은 일 아닌가. 망각의 강, 레테의 강이 저만치서 손짓을 하고 있나 보다.

  젊어서의 착각은 대부분 어리석음과 오만에서 왔다고 생각된다. 또한 자기애와 깊이 연관된다. 아름다운 청년 나르시스가 샘물 속 자신의 얼굴에 반해 굶어 죽었던 신화가 인간의 자기애를 대변해 주고 있다. 그는 그만큼 아름다운 청년이었지만 그렇듯 사람은 자기애가 강한 건 사실일 거다. 주체성이 강하면 객관성이 모자라 착각을 할 수밖에 없다. 젊어도 착각, 늙어도 착각, 사는 게 착각의 연속이다.

  내가 지금, 봄여름가을겨울이 함께 존재하는 제오 계절[1]을 살고 있다고 믿는 것도 착각일까? 고목에 꽃이 피

---

1) 제오 계절- 2017년에 발표한 본인의 수필집

고 있다고 믿는 것, 젊어서 못 이룬 꿈이 다른 모습으로 태동하며 그것이 영그는 계절에 살고 있다고 믿는 것도, 경제가 옛날처럼 풍풍 돌지 않아도 넉넉한 텃밭 덕에 더 풍요롭다고 믿는 것도 다 착각일지 모른다. 나이 들어도 자기애는 쉽게 사라지는 게 아닌 모양이다.

 남들이 뭐라든 나의 삶은 소박한 즐거움, 은둔에서 평온을 추구했다. 에피쿠로스적 사고의 일면인 단순화와 삶의 수준을 높이지 않는 것이 내 삶의 중심이었다. 그렇게 생각하며 산 점, 그것마저 아전인수식 착각이 되었다면, 그 역시 우세스럽다. 마음의 고요를 누리는 평정심을 얻기란 쉬운 일이 아니었지만 언제나 추구했다. 그러기 위해 푸른 하늘과 꽃들, 나무들, 햇볕과 구름과 신선한 공기, 밤하늘, 달빛, 별빛, 조촐한 음식, 소박한 집, 조그만 방, 책상 하나면 다른 것은 무사통과라 생각했다.

 그런 것만 바라보았다. 그렇게 살기 위해 일찌감치 제주의 중산간 마을에 터를 잡기도 했다. 다시 남편이 떠나온 도시로 먼저 되돌아가면서, 부산의 어느 회사에서 스카우트 대가로 대로(大路) 변에 큰 주택을 마련해 주었다. 하지만 난 거기서 못 견디고 바다가 보이고 뒷산에 암자가 있는 작은 아파트를 자비로 마련했다.

 단순한 삶을 추구하면서도 영혼은 목말라, 문학을 한

답시고 대학교 평생교육원과 서울 문학회를 드나들었다. 유일한 사치였다. 그러다 수필집을 두 권 냈다. 어느 순간부터 이조차 무의미하게 느껴졌다. 헛된 욕심으로, 나르시시즘에 빠진 아전인수식 착각이었음을 알아차린 거다.

내가 좋아하는 것만 눈에 들어왔으니 결국 그 역시 착시였다. 듣고 싶은 것만 들으려 했으니 아전인수 사고에서 벗어나지 못했다. 그런 삶의 편린들이 내 글이 아니었을까. 당연히 우물 안 개구리의 세계가 내 세상이었다.

늦었지만 착각 착시에서 벗어나 눈과 귀로는 열리지 않는, 심안(心眼)으로 들어갈 수 있는 진정성 있는 세계를 꿈꾸어 본다.

손

손은 마음이다.

말이 마음이듯 손 역시 마음이다.

마음을 대행(代行)해 주니까, 손은 삶이다.

내 손을 유심히 들여다본다. 팔십여 년 써먹은 낡은 손, 어릴 적 어머니가 '손재주가 많을 손'이라고 고슴도치 사랑을 퍼부어 주시던 손이다. 사람들은 대부분 나를 보면 전직 교사가 아니었냐고 묻는다. 아니 묻지도 않고 그러려니 하는 사람도 많다. 한때 실험실에서 근무했고, 이십여 년이나 글을 써왔는데 그 모습은 어디에 숨어있는 것일까. 어째서 내 외양에는 당치 않은 모습이 새겨 있는 것일까.

나는 노년에 이르러 도시를 떠나 꽃과 나무와 먹을거리를 가꾸며 살고 있다. 그렇게 이십여 년 흙과 더불어 살았다. 하나 가끔 의구심을 갖는다. 나는 왜 여기 있을까. 내가 무엇을 하는 것일까. 아직 어디 나가도 나를 농사꾼으로 보는 사람은 없다. 그럼 그 기질은 어디 숨어있는 걸까.

오랜 후에야 그것을 알아챘다. 손이었다. 손에 아버지의 유전자가 숨어있었던 것, 길쭉하던 손이 넙데데하고 거칠게 변해있었다. 그 손이 바로 흙을 부르는 농부의 손이었다.

어려서 흙장난을 좋아했으므로 어른이 되어 도자기를 만든다고 흙을 주물렀다. 그러나 그것은 내 인생과 연결이 되지 않았다. 다만 흙을 좋아하는 것과 손을 쓰는 작업이었다는 점에서 농사와 일맥상통할 뿐이다.

열한 살 때였나, 한국 전쟁이 끝나고 얼마 후 아버지는 집을 지으셨다. 나는 아버지의 닭장 곁 대문 부근에 과꽃 모종을 얻어다 심었다. 누가 시킨 것도 아니요, 호미가 있었던 것도 아니었다. 맨손과 막대기로 땅을 파서 과꽃을 꽤 여러 포기 심었다. 비 온 후에 심은 것도 아니고 저녁나절 해가 진 후 심은 것도 아니었다. 한창 뜨겁던 한낮에 다 자란 모종을 심은 것인데, 조금 시들다 살아났다. 초가을 진분홍의 과꽃은 루비처럼 빛났다. 고사리 손에 이미 농부의 유전자가 달라붙어 있었던 것. 아버지가 내 소질을 제일 먼저 인정해 주셨다.

아버지를 닮은 것, 아버지는 두 손으로 못 하시는 게 없었다. 피아노도 잘 치고 바이올린도 수준급이셨다. 그림도 우리가 그려달라는 모든 것을 그려주셨다. 아버지 손으로 안 되는 건 없었다. 아버지의 손은 도구 중의 도구요 연장이었다. 한국 전쟁으로 모든 걸 다 잃은 아버지는 할아버지의 산을 팔아 제재소를 시작했다. 전후 불타버린 집들을 재건하는데 목재는 필수였다. 소위 아버지는 목상(木商)이 업이 된 것. 나무를 좋아하셔서 마당 그득하게 잣나무며 향나무, 그 시절 귀하던 빨강 단풍나무도 구해서 심으셨다. 또 틈틈이 텃밭을 가꾸셨다. 나는 그것을 보고 자랐고 아버지의 유전자도 내 손끝에서 영글기 시작했다.

아버지는 할아버지의 요구대로 법학을 전공했어도 농사를 좋아했지만 나는 농과대학을 택해 육종학(育種學)을 연구하고 싶었다. 우장춘 박사처럼 씨앗을 육종하고 싶었다. 좋은 씨앗은 일본에서 들어오던 시절이었다. 당연히 원예학과를 택해야 했는데 담임선생님은 내가 화학 성적이 우수하다고 농화학을 추천해 주셨다.

나는 대학 시절 선택과목으로 농학과 강의실을 찾아다니며 작물학, 다음 학기에는 화훼(花卉)학 그리고 과수

(果樹)학을 이수했다. 졸업 후 농촌진흥청으로 가야 제 길이 트였을 터인데 급한 집안 사정으로 선착순으로 보건 연구직 공무원에 특채되면서 육종학은 물 건너갔다.

도시에 살면서도 내 유전자는 마음 깊은 곳에서 농촌으로 향하고 있었다. 남편이 사십이 넘자 엔지니어의 길에서 벗어나 제주의 중산간에 귤 과수원을 마련했다. 중년 한때 마련한 과수원이 은퇴 후의 업이요 놀이터가 된 것이다. 흙을 다시 주무르며 내 손은 행복했다.

손에는 눈이 있어 눈썰미가 자란다. 손은 보이는 어떤 것도 해낼 수 있고, 들은 대로도 해낼 수 있다. 그래서 손은 마음을 대신하는 것이다. 손은 말을 대변해 주는가 하면 밥을 버는 손, 몸을 돌보는 손, 자비를 베푸는 손, 무언가 받을 수 있는 손, 무언가 빼앗을 수 있는 손, 생명을 줄 수 있는 손, 꽃을 가꾸는 손, 꽃을 수놓을 수 있는 손, 갈고닦은 장인의 손, 맥가이버의 손, 무슨 병이고 낫게 하는 의사의 손, 악보를 쓰는 작곡가의 손, 몇 시간이고 바이올린을 켤 수 있는 바이올리니스트의 손, 피아니스트의 손, 화가의 손, 작가의 손도 모두 그들의 마음이다. 손과 마음이 통하면 안 되는 게 없다. 닦고 한없이 닦아 나가면 신의 손이 된다. 한 사람의 손은 그 사람의 인생을 만들어

간다. 이러한 손과 손이 맞잡으면 열 배의 효과가 난다.

 나는 원래 손을 아끼고 치장하는 사람을 좋아하지 않았다. 그런 사람을 혐오했다. 손쓰기를 좋아하다 보니 수놓기며 바느질이며 그림 그리기 혹은 음식 만들기도 취미였다. 그 손이 이십 년 넘게 흙까지 주무르다 보니 거칠어졌다. 투박한 손으로 씨를 뿌리고 잡초를 매고 수확을 했다. 꽃을 심으며 나무를 가꾸며 지구 한 모퉁이에 비밀의 정원을 만드는 게 꿈이었다.
 그런데 웬일? 오른손 넷째 다섯째 밑 손바닥에 무슨 결절이 만져지기 시작했다. 굳은살인가 했더니 정형외과에서 '듀피트렌 구축 증'이라 했다. 손바닥은 세 겹의 막으로 되어 있는데, 제일 안의 아주 단단한 막에 이상이 생긴 탓이라 한다. 그냥 두면 손가락이 굽어져 펴지지 않는 병이란다. 난감하다. 아직은 별일 없지만 무언가 불편해 일단 성서 필사를 중단했다. 세상 끝날 때까지 쓰면서 마음을 닦고 싶었는데, 하느님이 그만 쓰라 하신다.
 옛말에 물 좋아하는 사람 물에 빠지기 일쑤고 노래 잘 부르는 사람 목에 탈이 나기에 십상이요, 나무 잘 오르는 사람 나무에서 떨어지기에 십상이라 했다. 그럼 나는 심하게 손을 썼다는 결론인가. 손을 마구 쓴 것은 즉 마음을 아끼지 않은 탓으로 온 결과일까. 잃고 난 뒤에야 소중함을 알아차리니, 이는 미련이요, 어리석음이었다. 손, 바로 나 자신이요 내 친구였다. 뒤늦게 계속 마사지해주며 고마웠다고 다독인다.

　나의 손, 유효기간이 있었음인가. 수리 중이다.

삶의 향기

주일날, 미사 한 시간 전, 제대를 바라보고 있다. 하느님을 향한 사랑이 마음을 휘감는 순간 뜬금없이 아, 팔십에 가까운 이 칠십 대가 참 좋구나! 하는 생각이 든다. 육십 대보다도 오십 대보다도 훨씬 좋다는 마음이다. 사십 대보다도 삼십 대, 이십 대보다도 더더욱 마음에 든다는 생각이다.

아니, 도대체 뭐가 지금 좋다고? 들여다보면 아무것도 없다. 싫은 것도 나쁜 것도 없다. 매사 그저 그렇다. 값비싼 옷도 별로다. 먹는데 탐닉하지 않는다. 꼭 필요한 곳만 간다. 세 끼니 불편 없이 차려 둘이 배불리 먹으니 되었다. 누구는 남이 해 주는 음식이 맛있다는 사람도 있고, 혹자는 자신이 직접 만든 음식이 제일 맛 좋다는 사람도 있지만, 나는 내가 움직여 밥 짓고 청소하고 빨래하는 게 좋다.

뭐니 뭐니 해도 내겐 즐거운 할 일이 있다. 꽃 가꾸기와 텃밭을 돌보는 일이다. 그것도 나 혼자 한다면 얼마나 심심하겠는가. 모든 꽃과 나무는 내 책임이지만 농사일은 함께 한다. 농사가 좋은 건 콩도 팥도 나누어 먹을 수 있어서다. 가만히 있으면 이 나이에 무얼 나눌 수 있겠는가. 마늘도 대파도 남고, 김장 배추 무도 삼 분의 이가 남는다. 감자와 고구마 양파도 남고 들깨 참깨도 남는다. 아이들 줄 만큼 주고도 남는다. 오이 가지도 고추 상추도 남아서 시내 농사를 짓지 않는 지인들에게 갖다 드린다. 이 작은 일은 관계를 좋게 한다. 상대방도 대가 없는 작은 받음을 반긴다. 실은 내가 훨씬 기쁘다. 이것은 최소한의 만남과 소통을 이어 준다.

어제 우리 내외는 무성한 고구마 순을 쳐냈다. 고구마는 자신의 확장을 위해 줄기를 뻗어가려는 성질이 있다. 가만히 두면 땅속 고구마 한 덩이가 늙은 호박 덩이만큼 크기도 한다. 그렇게 사료용이 되는 걸 막기 위해 줄기를 잘라낸다. 그 잎줄기는 껍질을 벗겨내면 아주 훌륭한 식재료가 된다.

그것을 정리해서 몇 다발을 시내 철물 가게에 갖다 드렸다. 주인장이 우리 남편과 동년배쯤 되는데, 우리 내외는 그분을 남달리 본다. 처음 이사 와서 필요한 농사 집기를 사러 갔을 때다. 가게 한 귀퉁이에 아저씨가 써서 붙인 글이 있었다. '인생'에 대해서였다. '인생은 도전이다. 인생은 짧다'로 시작되는 이십여 조항의 금언이었다. 그걸 본 후로 남편은 농기구며 농자재며 필요한 건 꼭 그 집에서 산다.

이사 와서 다니게 된 미장원도 내내 그 미용실이다. 미장원 집 여자는 나보다 십오 년 젊지만 나이답지 않게 점잖고 인품이 미용기술 이상이다. 그녀는 손님이 없을 때는 항상 성서를 공부한다. 나도 네 번째 신구약을 필사하고 있지만 그녀가 한 수 위다. 성서에 접지를 붙여 깨알 같은 글씨로 주석을 붙여가며 공부한다. 그 집에선 이발하러 오신 시인 목사님도 뵙는다.

미장원에 파마하거나 커트하러 갈 때 나는 우리 집 꽃을 잘라서 들고 간다. 한창때 우리 집엔 수십 집에 나눠도 티가 안 날 정도로 꽃 천지일 때가 있다. 내가 가지고 간 꽃은 손님들이 더 좋아한다. 그녀에게 내 수필집을 주고 또 문학회에서 해마다 내는 수필집을 건넨다. 책을 주고 싶은 사람이라 참 좋다. 그녀가 투기를 모른 채 적금 들어 정직하게 재산을 불려 나가는 모습도 좋아 보인다. 부부가 열심히 살면서도 부동산이나 기타 투기에 손을 대지 않고 대출 없이 하나하나 모은 재산들이다. 그래서 보기

보다 소박하게 산다. 그 집 아들이 글쓰기와 IT에 능해 컴퓨터 게임 회사의 PD로 한창 주가가 높다.

시내엔 십 년째 나를 돌봐 주시는 내과 선생님이 계신다. 병원에 갈 때도 정원의 꽃을 잘라서 간다. 마침 그 병원 간호사도 꽃을 나만큼 좋아해서 그녀가 나를 반긴다. 선생님은 여름휴가 때면 히말라야나 알프스에 한 십 여일 다녀오신다. 철인 삼종 경기에도 참여한다. 나만큼이나 빼빼한데도 체력은 젊은이 못지않다. 난 때때로 그분이 종일 환자와 씨름하시는 걸 보면 안쓰러울 때가 있다. 용하다고 소문이 나서 언제나 병원은 만원이다. 환자는 거의 말귀도 어두운 노인 세대들이다. 어떤 소명 의식이 없으면 무표정하고 웃음기 없는 환자들과 종일 대면하기 힘든 일이다. 나는 그 선생님이 좋아서 시내 나갈 때면 그냥 꽃만 간호사에게 디밀고 올 때도 있다. 이 작은 일들이 내 삶에 향기를 준다.

세상엔 고마운 사람들이 너무나 많다. 나 혼자 할 수 있는 게 얼마나 되는가. 무인도에서 혼자 살지 않은 한, 태어나는 순간부터 세상 마치는 순간까지 다 남의 신세를 져야 한다. 순전히 남의 덕으로 사는 거다. 나는 남에게 무슨 일을 베풀고 있을까. 노인 세대가 된 지금 더더욱 나는 남의 덕으로 산다. 누구나 어렵지 않게 남에게 줄 수 있는 게 있다. 그러면서 곱씹어보는 말이 있다.

남에게 표정을 밝게 대하기
말을 바르고 좋게 칭찬과 격려의 말을 해주기
상대의 마음을 따듯하게 해 주기
호의와 긍정의 눈으로 바라보기
상대의 마음을 헤아려 도와주기
자리를 내어 주기
몸으로 작은 일을 도와주기

이것들은 돈 한 푼 안 들이고 베풀 수 있는 삶의 향기인, 작지만 아름다운 일이다. 내가 책상 위에 붙여 놓고 매일 들여다보는 마음의 글귀이다. 소위 무재칠시(無才七施)이다. 특별한 것 없는 말이나 실행한다면 사람 사이에 삶의 향기를 번지게 할, 영성의 향기를 품은 말이다.

아는 사람에게만 하는 게 아니라 모든 이에게 미소 지어 주는 것만도 기분 좋은 일이다. 미국 소도시에서 길을 가는 데 그 사람들은 눈만 마주치면 "Hi!" 하고 웃으며 지나갔다. 감격이었다. 우리나라에서도 등산할 때 눈만 마주치면 누구나 밝게 "안녕하세요?" 하며 지나간다. 웃어 주는 것, 당신이 좋다는 무언의 삶의 향기이다. 어느 유명 향수가 그만하겠는가.

향기를 품고 싶다. 젊어선 끄는 향기, 노년은 품는 향기.
그래서 난 지금이 그냥 좋다.

그리운 것에 대하여 2

 오고야 말 것들은 생각보다 빨리 온다.
 남편의 은퇴가 그랬다. 나는 쉰 중반이고, 아들은 결혼하고 대학원 유학 중이었다. 갓 결혼한 딸은 최전선(最前線 : 사위가 대위였다)에서 살았다. 우리 내외는 제주 과수원 말고는 따로 준비한 곳이 없었다. 그곳에서 새 생활이 시작되었다. 삼십 대 중반을 넘어 아이들과 재미있게 오 년을 살던 곳이다. 젊어서 여행 다녀온 제주에 반해 철없이 마련하여 살던 그 과수원이었다.
 이번엔 어머니를 모시고 왔으므로 시내에 아파트를 마련했다. 그때 지어 놓고 가끔 드나들며 머물던 과수원 창고 안에는 온도계도 묵주도 그대로 걸려 있었다. 우리는 아파트에서 6km 떨어진 그 과수원으로 출퇴근을 했다.

창고 안에서 나무로 불을 때어 점심을 지어먹으며 생선도 구워 먹고 커피 물도 끓였다. 그 원시적 생활은 해보고 싶던 것 중의 하나로 재미있었다.

일차 귀농이었을 때 열 살 여덟 살의 아이들은 오 리를 걸어서 학교에 다녔다. 우리 식구들의 구두 보따리가 몇 박스였지만 애들에게도 동네 아이들처럼 검정 고무신을 사 주었다. 밤에 이웃집 잔치 일을 거들다 보면 내 고무신은 간데없고 헌 고무신이 내 차례였다. 노인들의 말은 한 마디도 못 알아들었지만 별 불편이 없었던 건 그분들이 우리를 친절히 대해 주시던 사랑의 눈빛 때문일 거다. 큰애는 초등학교 시절 학생회장도 하고 중학교 삼 학년 초까지 다니면서 연예인 못지않은 사랑을 받았다. 나도 모든 게 재미있었다. 그러다 통장 잔고가 달랑거릴 무렵 남편은 떠나 온 도시로 컴백했다. 행복했던 중년의 한때를 제주에서 보낸 셈이다. 그리고 이십여 년이 지나 다시 제주로 컴백했다.

아이들과 즐겁게 살던 그때가 그리웠다. 아들 내외는 일본에서 수시로 손녀 사진을 보내왔지만 그 또한 마냥 그리웠다. 출산 날이 가까운 딸이 보고 싶었다. 허기진 듯 늘 마음 한구석이 허전했다. 그 무엇으로도 채울 수 없었다.

그 무렵 우연히 모 방송국 백일장 현수막을 보게 되었다. 아무나 글을 쓰냐는 남편의 만류가 있었지만 내 마음엔 이미 스파크가 일었다. 그의 지청구를 뒤로 하고 신청했다.

백일장이 열리던 날, 남편 트럭으로 서귀포 남원에서 한림의 오설록 차 박물관까지 가면서 아바의 'I have a dream'을 리플레이 해가며 들었다. 간절했다. 주어진 네 개의 시제 중, 난 '그리운 것에 대하여'를 택했다. 내용은 그 옛날 아이들과 살면서 행복했던 때를 그리워하는 내용이었다. 그러나 아이들 생각만으로 세월을 보낼 수 없는 일, 나는 이제 내 인생 2막의 새 판을 짜야한다고 썼다. 새 판을 어떻게 짜야하는지가 숙제라고 쓰면서 원고지 9매를 채웠다.

주변이 어수선했지만 집중하며 온 마음을 다했다. 학교 다닐 때, 교내 백일장에서 몇 번 써보고 성당 주보에 원고지 3, 4매의 글을 올려 본 게 다였다. 원고지 팔, 구 매를 쓴다는 것, 지금도 쉬운 일 아니지만 그땐 혼을 다 쏟았을 것이다. 행운이 왔다. 그날 대상은 시(詩)였고 수필을 쓴 나는 금상으로 상금과 부상을 한 아름 안고 금의환향하듯 돌아왔다.

내친김에 도서관을 드나들기 시작했고 글쓰기 교실을

찾아다니며 서울까지 진출했다. 내 인생 2막은 전원에서 귤 농사지으며 글쓰기로 새 판을 짠 것이다. 그리고 신명 나게 이십여 년을 살았나 보다.

팔십이 가깝다. 아이들은 오십 대에 들어섰다. 다시 뭔지 모를 그리움이 일렁인다. 더 진한 허전함과 허무와 슬픔, 그 무엇이 나를 수시로 엄습한다. 몸에서 여기저기 신호가 온다. 몸이 스스로 몸피를 줄인다. 아무래도 인생의 절전모드를 시작할 때가 온 것 같다. 우선 그간 내 우주와 같았던 문예지에서 이사직을 그만두고 다른 문예지와도 선을 그었다. 반으로 무대를 줄인 셈이다.

살림도 줄였다. 마구 쌓아 놓은 책들을 몇 차례에 걸쳐 정리했다. 몇 년 전 시어머니가 돌아가셨을 때, 나는 보았다. 아무리 값비싼 옷가지도 돌아가시고 나니 딸들조차 탐내지 않았다. 가구며 이부자리며 다 소용없었다. 사람은 쓰레기를 끼고 살다 가는구나 싶었다. 그간 무얼 하고 살았냐가 아니라 어떻게 살았냐가 문제이다. 무엇을, 누구를 얼마나 사랑하고 살았냐 하는 것만, 남은 자들의 기억 속에 남는다.

이제 인생 3막이다. 나는 버킷리스트를 생각해 보았다.

내가 앞으로 무엇부터 해보고 싶은지 모른다. 우선 첫째는 나를 사랑해 주는 일로 잡았다. 젊어서의 생각은 어찌 인간이 남을 사랑해야지 자신을 사랑한단 말인가. 그런 사고방식이라 나를 챙기지 않았다. 농사짓느라 무리했고, 그에 더해 다른 일까지 무리를 많이 했다. 돌아보니 그건 학대였다. 시원치 않은 몸을 너무 돌보지 않은 게 후회스러워 지금부터라도 나를 아껴볼 생각이다. 일단 매일 걷기를 시작해보기로 했다. 두 번째는 그간 쓴 수필을 묶어서 세 번째 수필집을 내는 일이다. 그리고 보고 싶은 사람들을 만나 보는 일이다.

그러나 내게는 버킷리스트로도 해결 못 할 '그리운 것'이 있다. 버킷리스트는 할 수 있는 것 중에서 실천해 나가는 것이지 않은가. 하나 한순간만이라도 돌아가고픈 간절한 것이 있다. '불가능은 내 사전에 없다'라고 말한 사람도 있지만 이건 시간을 되돌려야 가능한 일이니 어쩔 것인가. 타임머신을 타지 않고서는 불가능한 일에 왜 사로잡혀 미련을 떨고 있는지 모르겠다. 말하자면 나는 내 생애 중 가장 기뻤던 그 시절이 그리운 것이다. 첫 아이를 갖는 순간부터 둘째가 태어나서 살던 그때가 그리운 것이다. 지금은 이미 어른이 되어버린 그 아기들이 눈에 어린다.

과거는 다시 돌이킬 수 없고 시간은 팔십 마일로 달리고 있다. 내 인생의 에필로그를 쓸 시간은 예정보다 앞당겨질 수 있을지 모른다. 그렇다면 마냥 앉아있을 수만은 없다. 지금 일기를 공들여 쓰고 있다. 일 년 치씩 애들에게 남겨볼 생각이다. 사랑이란 명분으로 저질렀던 잘못을 털어놓으리, 못다 한 사랑도 고백하리.

참 좋은 나이

판공성사 준비로 고해소 앞에서 나를 들여다보는 중이었다. 옆에 계시던 어르신 자매님이 내 나이를 묻는다.

"일흔여섯인데요."

"참 좋은 나이야."

"네?"

요즘 남편과 불편한 관계라 마음이 무겁고 우울하던 때에 그런 말을 들은 것이다. 매우 놀랐지만 묘하게도 금세 내 마음에 불이 켜지며 환해졌다. 그래, 좋은 나이래, 좋은 나이답게 살아야 해. 나는 고백소에 들어가기도 전에 남편에게 무언의 화해를 보냈고 마음도 다 풀어졌다. 말 한마디의 연금술이었다.

노년에 이르면 인격자가 되어 저절로 관대해질 줄 알
았다. 그러나 작은 일에도 삐치고 옹졸하기 짝이 없는 노
추가 내 마음에 서성거린다. 이상하게도 남들에겐 너그러
운 데 바로 옆에 있는 남편에게는 말 한마디로도 각을 세
울 때가 있다.

내게 참 좋은 나이라고 말해 준 자매는 여든다섯으로
이가 다 빠지고 허리는 많이 굽어 보행도 쉽지 않아 지팡
이에 의지하는 분이다. 그럼에도 얼굴에는 악이라곤 찾아
볼 수 없을 만큼 선한 웃음만 가득하다. 그분을 누가 건드
릴 일도 없지만 혹시 누가 자존심을 상하게 한다고 해서
마음이 돌변할 것 같지도 않다. 말하자면 그분은 이제 천
사가 다 된 듯, '한 알의 밀알이 다 썩어 버린' 듯 보인다.
언제면 나의 밀알은 완전히 썩어 버릴까. 다 썩어야 변화
가 있을 것 아닌가. 이 나이까지 자존감을 앞세워 아우성
치는 건 무슨 심산인지 모르겠다. 내가 좋아하는 노래가
있다.

♪ '잘했군, 잘했어'
"마누라!"
"왜 불러요?"
"외양간에 매어놓은 얼룩이 황소를 보았소?"

"보았죠."

"어쨌소?"

"친정집 오라비 장가갈 밑천에 주었죠."

"잘했군, 잘했어, 잘했군잘했군 잘했어, 그러게 내 마누라지."

"영감!,"

"왜 불러?"

"뒤뜰에 뛰놀던 병아리 한 쌍을 보았소?"

"보았지"

"어쨌소?"

"이 몸이 늙어서 몸보신하려고 먹었지"

"잘했군, 잘했어, 잘했군잘했군 잘했어, 그러게 내 영감이라지."

    부부 사이가 이쯤 되어야 하는 것 아닌가! 세상이 아무리 변해도 지난날 남성 중심 사회에서 한 시대를 풍미하던, 우리 팔십 대 남편들은 과거 주름잡던 시절을 그대로 옮겨 살고 있다. 은연중 대접에 익숙한 남편들이 의외로 많다. 따져 보면, 아무리 여성 상위 시대가 판을 친다 해도 그건 그들에게 웃기는 일이다.

    그러고 보면 나이가 명약이다. 왜 좋은 나이일까. 사랑이라고 말하는 에로스에서 풀려나 아가페 사랑으로 살게 됨이 아닐까. 에로스의 신 큐피드는 금화살도 쏘지만 납 화살도 쏘아대니 젊은 날엔 사랑과 증오가 뒤범벅되어 한결같이 살 수 없기 때문일 거다. 큐피드는 노인에게 화살을 쏘지 않는다. 천사에게 에로스는 없다. 아가페가 있을 뿐이다. 인간에겐 이 둘이 함께 존재하니 때때로 마음이 깨지기도 한다.

근간에 구십이 다 되어가는 그 자매는 코로나의 공포도 뛰어넘었다. 성당이 문을 닫아도 신부님과 수녀님만 드리는 수도자 미사에 함께 참례한다. 이제 그분께는 하느님만이 희망이며 친구이시다.

백 세의 김형석 교수께서도 평생 중 70세에서 90세 사이가 제일 좋은 나이였다고 TV에서 말씀하신 게 생각난다. 분명 꽃피던 찬란한 시절은 지나갔지만 많은 것을 내려놓고 인생의 의미를 되새기는 노을도 장밋빛이 되고도 남는다.

최근 남편을 보내고 울고 지내는 친구에게 조심스레 한마디 남긴다.

"친구야, 그래도 '지금 좋은 나이'래."

2부

그대

리모컨

남편의 뜰

베짱이의 변신

금혼식

그대 있음에

사려니 숲에서

리모컨

　내 곁에는 칠십이 되도록 입 하나로 사는 사람이 있다. 그럼 그가 구족화가일까. 아니다. 아나운서라든가 가수는 더더구나 아니다. 젊어서는 입 하나로 천여 명의 부하를 거느렸다. 그렇다고 그가 군대의 연대장도 아니지만, 체질로 보면 그 기질이 영락없이 유전자 속에 있지 싶다.
　그의 입엔 리모컨이 달려있다. 그가 물! 하고 한마디 하면 그 즉시 대령해야 한다. 젊은 시절 개인 주택에서 살 때, 동네에 들어서면 그는 집을 향해 특유의 휘파람을 분다. 대문 열어놓으라는 리모컨을 누른 것이다. 신문이며 세숫물이며 소소한 주변 것들도 그렇게 리모컨을 누른다. 나야말로 그의 리모컨으로 조정되는 전자 로봇임에 틀림이 없었다.

나도 어릴 그런 리모컨이 하나 있으면 좋겠다고 상상해 본 게 한두 번이 아니다. 단추만 누르면 누가 나타나 시험도 대신 보아주고, 먹고 싶은 과자도 당장 대령하고 남자애들이 장난치면 그 애들도 무찔러주는, 리모컨으로 부리는 로봇이 있었으면 했다. 또는 내가 투명인간이 되어 나쁜 짓 하는 사람을 골려주고 싶었다. 아직 투명인간을 만들었다는 소식은 없지만, 서로 얼굴을 보며 전화하고 싶던, 꿈같던 상상은 슬며시 현실이 된 지 오래다.

리모컨은 태초부터 인류가 원하던 장치였을 것이다. 그래도 시원은 전쟁 무기에서 개발이 시작된 것이 아닐까. 대륙 간 탄도 스커드 미사일을 원하는 장소에 명중시키는 것, 패트리엇이 그것을 되받아 처리하는 것도 컴퓨터에 의한 디지털로 이루어진다. 차차 실생활로 이용되더니, 오늘날에는 유비쿼터스 시스템까지 가정사에 쓰이고 농업에서도 스마트 팜 농장을 원격 조정하며 농산물을 생산하고 있다. 보이지 않는 로봇이 실제 일을 하는 세상이 된 것이다.

남편은 기계공학을 전공하고 독일, 미국까지 다녀온 유학파이다. 칠십 년 대에 우리나라 공업이 하루 다르게 발전할 때, 한 십여 년 엔지니어링 계를 주름잡던 엘리트였다. 하지만 산이 높으면 골도 깊은 법. 어느 프로젝트에서 적자만 모면하면서 손을 놓더니, 마흔한 살의 그가 겁도 없이 더럭 과수원을 택했다.

시골에서 농사를 지으며 살면서도 모든 것을 남의 손에 의지해 살았다. 손으로 하는 것은 어떤 취미도 없어서 못 하나 말끔히 박아 본 일이 없다. 오죽하면 어린 아들에게까지 타박을 받았을까. 어느 일요일이었다. 그가 고장 난 분무기를 수리하기 위해 아침부터 한나절 땀을 흘리고 있을 때, 유심히 쳐다보던 열한 살 아들이 안타까운 듯 말했다.

"아버지, 그렇게 마구리 뺑(엉터리)으로 고쳐집니까?"

철없는 아들이 이리저리 만지더니 금세 고쳐 놓았다.

무재주가 상팔자라고, 간단한 기계가 고장이 나도 어김없이 출장비가 나가거나 서비스를 받아야 했다. 집을 지을 때도 동네 사람들이 동원되어 모두 거들어 주었지만 실상 주인은 벽돌 한 장 나르지 않았다. 맏아들이라고 어머니가 시키지 않아서 그런지 몰라도 내가 보기엔 손재주가 없으니 아예 취미가 없는 듯하다.

그래서 그는 입으로 산다. 입으로는 요리도 잘하고 글도 잘 쓰고, 춤도 잘 추고 무엇이나 잘한다. 좋은 점도 있다. 고장이 나면 힘드니까 그전에 미리 손을 보아 유비무환 정신으로 사는 점이다.

그가 입으로 산다면 나는 몸으로 부딪치며 산다. 남이 해 주는 것이 미덥지 않아 직접 해야 직성이 풀린다. 부지런하지 못하고 깔끔하지도 못하면서 누구에게 시키는 건 질색이다. 나누어 일하면 내 손도 편하고 많은 일을 할 수 있을 터인데. 그러니 애당초 내가 사업가나 지도자가 될 수 있는 소질은 그것에서부터 결정이 났을 것이다. 그래서 난 연구원이 되었고 한 가지 일에 박사가 되던가 장인이 되고 싶었다.

나는 무엇으로 살까, 그의 뜻대로 산다(?)

입을 잘 쓰는 그와 몸을 잘 쓰는 내가 만났다. 어느 날 돌아보니 내가 그의 뜻(?)대로 살고 있었다. 손수 해야 직성이 풀리는 성격인지라, 그가 선택한 길을 따라 그저 그러려니 몸을 쓰며 살았다. 묘한 것은 그런 삶에 보너스가 따랐다는 점이다.

그의 뜻대로 살았는데 어느 시점에 다다르니 내가 살고 싶던 무대에 내가 서 있었다. 농사지으며 수필을 쓰고, 교회에 가고, 도서관이 이웃에 있었다. 바로 그것이었다.

이런 삶이 내가 원했다고 될 일인가. 분명한 것은 남편이 나를 위해 특별히 마련해 준 것은 아니라는 점이다. 그저 자신이 한번 살아보고 싶던 삶의 일부분이었는데, 결과적으로 내게 안성맞춤이 되었을 뿐이다. 나는 그가 누른 리모컨으로 재미있게 살게 되었다.

요즘 싫증이 났는지 그가 또 어딘가를 향해 리모컨을 눌러댄다. 제주의 삶이 쉽게 딜리트될 수 없겠지만 어떤 영적인 힘이 그를 끌어당김을 느낀다. 칠십이 가까운 나는 아무래도 좋다. 그가 하고 싶은 일을 클릭하여 새 세상에서 재미와 감사로 살 수 있는 일로 재편성된다고 해서 나쁠 건 없다.

어디 그마저 뜻대로 되던가. 돌이켜보면 그의 리모컨 너머에 진짜 리모컨을 든 또 한 분이 계셔서 원격 조정하는 대로 이끌려간다는 생각이 든다. 그 무엇인가 알 수 없는 강한 힘이 나까지 데리고 간다. 지금 나는 어디론가 가고 있다. 그러나 어디로 가는지 전혀 모를 일이다.

우리는 과수원이 버거워 제주를 떠나 아이들 가까이 왔다. 논산 농촌에서 텃밭 수준의 농사를 짓게 되었다. 일에서 좀은 벗어나 운동도 하고 마음껏 꽃을 가꾼다.

세월이 십여 년 흘렀다. 내가 기운이 달리자 그가 나서서 몸을 쓴다. 항상 내가 앞장섰는데 이젠 그가 리모컨을 내려놓고 열심히 손을 쓴다. 그런 그의 모습에 마음이 따듯해진다. 아, 그래, 높으신 분이 리모컨으로 그를 부리고 계신가 보다.

그분의 손, 태초부터 리모컨이 아니었을까.

남편의 뜰

그가 서울에 갔다가, 싱글벙글하며 돌아왔다. 일 년에 한두 번 나가는 대학 동창 모임에 다녀온 것이다. 이제 그들도 여든에 가까워져 오면서 올해부터 격월간으로 만나고 있다. 이번엔 스물여섯 명이 나왔는데, 일 년 사이 친구들이 몹시 구부정해 보였나 보다.

남편은 청바지에 엊그제 사돈댁이 보내주신 빨간 티셔츠를 입고 손녀 입학식 때 가져온 코넬대학 모자를 쓰고 나갔다. 그것도 빨간색이었다. 머리에 염색은 안 했지만 빨간 모자 덕에 후레시하고 꼭 해병대 예비역 대장 같다.

다음 날 어제 모임의 동영상이 왔다. 그가 그중 젊어 보였다. "네가 제일 젊어 보인다."라며 친구들도 한마디씩

했단다. 그 말로 그는 진짜 기분이 좋았던 모양이다. 그 나이 되어 젊다는 말은 최고로 듣기 좋은 찬사가 아닐까. 건강이 노후의 삶의 질을 좌우하는 첫째 순위가 되기 때문이다.

지금 친구들은 거의 놀고 있다. 손주라도 돌보아 주거나 간간이 친구를 만나 약주라도 하며 야한 유머라도 주고받는 친구는 그중 건강이 좋은 노익장들이다. 거동이 불편한 이들이 늘어가고 있다. 늦게까지 잘 나갔던 친구일수록 병원에 누워있기 일쑤다. 에너지 총량의 법칙을 비껴갈 수 없는 일이지 싶다. 그들은 이미 에너지가 소진되어가고 있음이 아닌가. 어쩜 남편은 젊은 시절 그중 제일 잘 나가던 그룹에 속했는지 모른다.

그는 태생적으로 부조리와 불합리에 타협이 서툴렀다. 아울러 경쟁이 주는 스트레스가 싫어 친구들이 사회에서 한창 일할 때, 저 푸른 초원 위에 집을 짓고 밀감나무가 대학나무이던 시절 밀감 과수원을 경영했다. 그 덕에 단순하게 살며 덜 쓰고 살아왔으나 현재로선 오히려 적당량의 일을 하는 셈이다. 물론 동창들은 부를 축적하여 부동산 부자도 많지만, 그들 역시 주머니 사정은 도토리 키 재기다. 지금에 와선 '소요유(逍遙遊)'를 누림직한, 그를 모두 부러워한다.

무엇을 위해, 무엇을 얻고자 죽도록 땀 흘렸을까. 사람은 얼마큼 마음 내키는 대로 살 수 있을까. 그들이 어린 시절에 꿈꾸던 것은 무엇이었고 나이 들어 살고 싶던 모양은 과연 어떤 모습이었을까.

그들은 1960년대 초에 대학을 나와 국민소득 백 불도 안 되는 시대를 살면서 이 나라 공업 발전을 이끈 우리나라 산업혁명의 주역들이다. 그도 공대를 졸업하면서 경제기획원에서 선발한 산업 요원이 되어 독일에서 삼 년 선진 공업 교육을 받은 엔지니어이며 친구들도 비슷한 일을 해 왔다. 한 시대를 풍미하던 그들이 지금은 하는 일 없이 병원이나 드나드니, 인생무상 아닌가.

사람은 나이가 들수록 그 본연의 성정이 나오기 마련이다. 그들도 그들만의 유토피아에서 저들의 마음에 맞는 그 무엇인가를 하면서 살고 싶었을 거다. 가슴속에 어릴 때 뛰어놀던 들판과 시냇가를 품고 본향과 같은 그곳을 그리워했으리.

우리는 그곳이 제주였다. 지금이야 누구나 쉽게 살러 갈 수 있는 잘 다듬어진 이상향 같은 곳이지만 1980년대 초엔 원시 샹그릴라 자체였다. 내겐 거칠었던 그때 풍광과 풍습이 더 좋았다. 세월이 흘러 근간엔 외국인과 육지부에서 사람들이 앞다투어 제주로 들어오자 우리는 그곳을 나오기로 했다. 그곳이 이미 미국 농촌을 방불케 할 정도로 도시화되었기 때문이다. 이십여 년 함께한 밀감 과수원을 뒤로하고 진짜 시골다운 이곳에 터를 옮겼다.

여기는 멀리 훈련소가 보이는 농촌이다. 남편은 노익장을 과시하며 이곳 자신의 뜰 안에서 호령하며 산다. 그는 횡적 관계보다는 종적(縱的) 관계의 대명사인 군대처럼 나도, 기르는 개도 부하라 칭하며 산다. 그건 아무도 못 말리는, 나이를 먹을수록 선명해지는 그의 성정이다. 어쩜 어려서 즐겨 놀던 병정놀이를 지금도 하고 있는지 모르겠다.

그가 친구 사이보다 상하 관계를 즐기다 보니 가꾸는 '고추 오백여 포기, 땅콩, 감자, 오이, 가지, 토마토, 옥수수들을 모두 부하라 부른다. 그는 대장이다. 키가 제일 큰 부하는 자두나무, 매실나무, 대추나무로 중대장이고 다음 살구나무, 보리수나무 사과나무 복숭아나무, 산수유나무는 소대장들이다. 키가 작달막한 소나무는 주임 원사이고 나는 대장의 부관으로 그 모두를 가족으로, 친구로 아우른다.

모든 작물은 연병장에서 줄과 간격을 맞추어 일사불란

하게 사열하고 있는 군대처럼 보인다. 고추에 세워 준 지지대 백오십여 개는 마치 군대의 총대처럼 보인다. 그 맨 앞에 그가 있다. 그가 호령하면 금방 큰 소리로 '충성'이라고 외칠 것만 같다.

그는 유난히 군인을 좋아하여 아들을 육사에 보냈고 사위도 육사 출신이다. 배우자도 간호사관 출신이나 여군을 원했지만, 그 소원을 이루지 못한 게 유감이다. 그의 마음 중심에 '군대(軍隊)'가 있다 보니 남편의 뜰 칠백 평은 마치 초록으로 위장한 군인 부대와 같다.

그가 아침에 눈 뜨자마자 하는 일은 사열로 경례를 받고 인원을 보고 받는 일이다. 가끔 일 중대 이 소대 고추가 시들다가 쓰러지는 부상병이 생기는가 하면, 새로 심은 고구마 순이 뿌리를 내리지 못하고 마르는 환자가 생기기 때문이다. 참깨도 잘 자라다 어느 날 잘록병에 걸리면 그대로 마르거나 쓰러져 버린다.

그가 제일 많이 하는 일은 풀매기이다. 그는 부대 안을 깔끔하게 청소하고 정돈한다. 가끔 졸병 옥수수 싹을 풀이라고 매어놓고, 새봄에 뿌린 꽃씨가 나기 시작해도 불온 분자인 줄 알고 밀어 버린다. 언젠가는 이른 봄, 겨우내 자란 꽃양귀비를 스파이라도 되는 양 다 뽑아 치운 일이 있다. 사실 어린 꽃양귀비는 꼭 '방가지똥'이란 풀처럼 보이긴 한다. 내가 소란을 피우자 그가 실수를 인정하고 잘 자란 산수유 한 그루를 입식해 줘서 소대장이 하나 더 늘었다. 여전히 그는 김매기를 좋아해서 어린 옥수수 싹은 미리 일러 주지 않으면 풀이라고 뽑아치우니 댓 번은 다시 씨를 뿌려야 한다. 이곳 연병장에서 늘 있는 일이다.

우리 대장은 부관 없인 풀매기밖에 못 한다. 사월 말, 신병 고추모가 들어와도 혼자서는 적재적소에 배치하지 못한다. 그는 호령과 지시에만 능하다. 부관이 오 백여 명을 차례로 배치한다. 대개 눈대중으로 간격을 맞출 수 있지만, 그는 정확한 것을 좋아해 일단 막대 자로 거리를 잰 다음 구덩이를 파 준다.

그의 부관이 제일 좋아하는 일은 꽃 가꾸기이다. 근간에는 꽃 진 꽃양귀비의 마른 대궁을 아마 한 트럭 이상을 베어냈을 거다. 다음엔 수레국화 대궁을, 다음은 샤스타데이지의 대궁을 걷었다. 금계국도 져 가고 있다.

그 자리에 봄에 씨 뿌려 지금 꽃봉오리를 달고 있는 백일홍을 이식했다. 주변엔 마리골드와 맨드라미로 색을 맞추었다. 부관은 꽃씨를 넉넉히 받아 이웃에게, 꽃이라면 사족을 못 쓰는 동호인에게 보낸다.

유독 꽃양귀비 씨는 지인에게 친구에게 후배에게 원정

을 보낸다. 이 역시 그들이 세상을 좀 더 아름답게 꾸미는 데 한몫할 일이잖은가.

  무엇을 하며, 어떻게 살아 냈냐가 중요할 것이다. 이제 무슨 큰일을 하겠는가만, 이웃을 사랑하는 일, 그건 못할 것도 없다. 관심과 나눔이다. 고령화로 힘들게 생을 이어 가는 이웃이 나를 필요로 할 때가 있다. 그것은 엄청난 일이 아니다. 아주 사소한 사랑의 나눔일 뿐이다. 따듯함이 곧, 사랑이다.

  노인회장인 그는 오늘 회합이 있어 출타했다. 나는 돌보는 멘티에게 무엇을 거들어 드릴까 전화로 여쭙는다.

베짱이의 변신

오전에 새로 갈아입은 새하얀 실험복은 페놀프탈레인이란 지시약을 쏟아 붉은 얼룩이 많이 번져있었다. 그것을 그대로 입고 실험 중이었다. 그날 오후, 그가 면도도 안 하고 나타났다. 그는 중년 아저씨처럼 보였다. 아직 모르는 사이인데, 왜 거친 얼굴로 왔을까. 아직도 물어보지 못했다.

부부의 연이란 칠천겁의 인연으로 이루어진다는 속설로 보면 필연으로 만난 것은 틀림없다. 내가 서울로 발령을 받은 이유도 거기 숨어있을지 모른다. 그 무렵 직장에선 나의 결혼 추진 프로젝트가 진행 중이었고, 그와 만남을 주선하던 참이었다. 그의 프로필은 나를 설레게 했다. 나는 감으로 아, 그가 왔구나, 짐작했다. 며칠 지나 첫 만남이 있던 후, 이틀 간격으로 만나 백 번을 채우고 결혼을 했다.

그는 멋지고 빛났다. 유학 후 늦은 군대를 다녀오고 바로 화학공장 과장으로 출발했다. 결혼하고 다음은 제법 큰 회사에 부장으로 스카우트되었다. 미국 연수 후 대기업 이사로 천여 명의 직원을 거느렸다. 그러나 나는 그가 무엇에 심혈을 기울이는 걸 보지 못했다. 당연히 그의 고공 승진은 인복과 직장 운이 좋아서일 거라 단정했다. 그런 그에게 언젠가 웃으며 말했다.

"내가 오너라면 당신 같은 사람은 쓰지 않을 거야."

자기는 머리로 일한다고 대꾸했지만, 왠지 열성과 고심은 눈 씻고 보아도 전혀 없었다. 내 눈에 그는 낮엔 일하고 저녁엔 삶을 즐기는 베짱이로만 보였다.

사십을 겨우 넘긴 나이에 유감없이 회사를 자진해서 사퇴했다. 곧 제주에 잘 조성된 과수원을 사들여 바로 수확을 했다. 그에게 파이오니어 정신이 있었다면 개간해서 어린 귤 묘목으로 큰 농장을 일구었을 것이다. 고생을 자처하지 않았다. 열의도 보이지 않았다. 빗방울이 떨어지기 무섭게 하던 일을 끝냈다. 비 좀 맞으며 비료 준다고 큰일이 날 리도 없는데 그런 식이었다. 유유자적으로 항상 그랬다. 그러면서 팔십이 넘었다.

웬일일까, 별일이 생겼다. 요즘 들어 못 보던 그의 모습을 본다. 나이 여든하나에 영어 공부에 재미를 붙였다. 정철 선생의 영어 요한복음 강좌를 유튜브로 시작했다. 한 달도 못 갈 거라고 짐작했다. 하나 시간이 갈수록 재미가 붙어 노트에 쓰고 빨간 볼펜으로 요점 정리를 하고 색연필로 표시를 하고 소리 내어 읽기를 반복한다. 성경 구절을 영어로 외우기도 한다. 물론 그가 영어를 잘한다는 걸 알고 있었지만 의외였다. 그가 새 노트 있으면 하나 달라고 했다. 요한복음을 영어로 필사해서 자기 죽으면 관에 넣어 가겠다는 것이다. 컴퓨터 책상이 좁다며 식탁에서 시간 가는 줄 모르고 필사하고 있다.

처음 보는 신선한 충격이다. 오래 겪고 볼 일이다. 그는 일흔에 기타도 며칠 배우다 말았고, 젊어서 카메라를 수집하기에 사진 찍기를 좋아하는 줄 알았다. 사진 강좌도 몇 학기 다니다 카메라를 놓았다. 그 모임에서 회장으로 봉사했으므로 재능을 인정받은 줄 알았다. 그다음 스포츠댄스 강좌가 있어 내가 추천했다. 의외로 취미를 붙이고 강사의 개인 사업장까지 드나들며 레슨을 받았다. 여자들과 돌아가는 모습에 심술이 나서 쓴소리를 몇 번 했다. 나무에 올라가라 해 놓고 밑에서 흔든다고 노발대발 성을 냈다. 풍파를 일으키며 춤 교실은 바로 발길을 끊었다. 나에 대한 믿음은 깨지고 증오심만 폭발했다. 결혼생활에 위기가 왔다. 아, 궁합이 안 좋다 하더니 끝이구나 하는 생각이 들었다.

원래 그와 나는 반대다. 그는 돌다리도 두들겨 보고 건너간다. 나는 의심 없이 건너간다. 그는 매사 부정적이라 아무것도 믿지 않지만 나는 잘 믿는다. 그가 때때로 자신의 걱정에 속는다면 난 희망에 속는다. 김칫국부터 마신 탓이다. 그는 복잡다단해서 통 속을 보이지 않지만 난 단순 명료하여 속을 훤히 내비친다. 그가 넘겨잡기를 잘하지만 대신 나는 그의 속을 잘 긁는다. 그는 하던 일이 거의 끝이 보여도 이제 반이 넘었다 한다. 난 처음부터 시작이 반이라 말한다. 그렇다면 그는 꼼꼼해야 한다. 그러나 나보다 훨씬 일이 거칠다.

우리는 밖의 화덕에서 큰 솥에 호박즙을 하거나 양파즙을 만들기도 한다. 그가 불을 땔 때는 처음부터 화덕에 나무를 가득 채우고 나서 불을 붙인다. 잘 안 붙는다. 나중에 과열되어 솥 안의 즙이 타고 솟은 검댕으로 변한다. 나는 처음에 아주 적은 나무와 불쏘시개를 넣고 불을 붙이고 나무를 채워간다. 감성지수도 반대라 그는 이성적이고 나는 감성적이다. 그는 차고 나는 뜨겁다. 그가 아무것도 안 믿으면서 일기예보는 철석같이 믿지만 난 참고만

한다. 아니 날씨처럼 변덕스러운 게 또 어디 있단 말인가. 또 묘한 건 그가 의사 선생님 말씀은 무조건 믿으며 처방해 준 약은 단 한 번도 거르지 않고 복용한다. 그가 좀처럼 누구에게 정을 주지 않지만 나는 아무에게나 잘 웃어 준다. 그는 섣달에 태어나서 그렇고, 나는 삼복중에 태어나서 그런 건지 모르겠다.

　나이 팔십이 된 그에게 무엇을 부탁하면 바로 '노' 한다. 그러나 결국은 해 준다. 그 점을 아는 나는 재 부탁은 안 한다. 그에게 응석이나 아양은 통하지 않는다. 내가 소박한 밥상을 좋아하는 반면 그는 먹기 위해 사는 양 음식을 잘 차려야 좋아한다. 그는 먹고 싶은 것도 많지만 대신 절제심 하나는 일등이다. 그런데도 과체중에 고혈압에 고지질 약을 먹는다. 그가 살이 찐다고 성화지만 나는 체중이 빠지는 걸 무서워한다.

　그가 팔십이 넘어 다이어트를 시작했다. 인터넷에서 연구를 몇 달 하더니 이름하여 한 끼 단식 다이어트로 점심 식사 후는 물만 마시는 방법을 택했다. 다행히도 당뇨가 없어 한 끼니를 건너도 저혈당 문제는 생기지 않았다. 여섯 달이 지났다. 7kg 넘게 빠졌다. 그런 대단함을 일찍이 본 일이 없다. 고령에 다이어트를 해도 탈이 없는 건강 상태가 얼마나 대단한 일인가. 나는 그도, 살이라면 생명

자체로 생각하는 줄 알았다.

그가 변한 것일까, 본래의 모습일까. 그의 몸속에 '하면 한다.'라는 결기가 있기 때문일 것이다. 요요를 다스리는 것만 봐도 그는 대단하다. 그러니까 그는 직장 운이 특별해서가 아니라 창의성과 빠른 일 처리를 따를 사람이 없었던 거다.

나이 팔십이 넘으니 그의 지인들의 입원 소식이 들려온다. 젊어서 있는 힘을 다해 열심히 살던 친구일수록 알츠하이머도 오고 무릎 수술에 당뇨 합병증이 와서 교류가 점점 단절되어 가고 있다. 그도 피해 갈 수 없어 건강검진 분변검사에서 잠혈 반응이 나왔다. 내시경 검사에서 용종 두 개 중 하나에서 암이 발견되었다. 가을걷이는 들깨가 남았다. 인생무상을 느낄 테지만 그는 아무런 티를 내지 않고 영문 사도신경과 주의 기도를 열심히 외우고 있다. CT 검사, 혈액 검사에서 이상이 없어 수술이 일단 필요 없어졌다. 그의 의연한 모습은 감동이었다. 그와 내가 로또 복권에 당첨된들 이만큼 기쁠까?

베짱이는 변했다, 이유가 무엇인지 자못 궁금하다.

금혼식

결혼생활이란 마치 식탁 위에 놓인 크리스털 잔 같다. 레드 와인이 가득 담긴, 톡 치면 넘어지면서 술이 쏟아질 것이다. 더 세게 치면 잔도 깨질 것이고. 그러나 인연이란 그리 만만한 게 아니다. 고래 심줄처럼 질기기도 한 게 또한, 천생연분이다.

여기까지 오는데 지름길은 없었다. 이정표도 없는 길을 둘이 손잡고 때론 얼굴을 붉히며 등을 돌리기도 하며 걸어왔다. 닦아 놓은, 길 없는 길 위에서 넘어지기 일쑤였고, 먹구름 낀 허허벌판을 지나기도 했으며 그가 길을 잘못 들어 산길에서 헤매기도 했다. 묘한 것은 그가 천정부지로 승승장구할 때 왜, 왜 나는 추워야 했을까.

어느덧 태산 산마루를 넘어 기슭에 서 있다. 해가 뉘엿뉘엿 노을을 물들인다. 꿈같던 날은 꿈길처럼 사라졌다. 아이러니하게도 지금이 나의 인생에서 제일 고운 빛깔이다. 나이 들어 뒤돌아보니 삶이 축복이었음을 알아차린 거다. 머지않아 밤길에 들어설 것, 주행 속도는 왜 이리 빨라지는지.

톡 치면 깨질 수 있는 유리잔이지만 대부분 용케도 거기까지는 가지 않는다. 때론 지구가 뒤집힐 듯 서로 날뛰기도 하지만 그 잔까지는 건드리지 않는다. 다시 마음을 다잡고 잔 속의 와인을 나누어 마신다. 사랑의 묘약이다.

그렇게 아슬아슬하던 유리잔이 세월이 가면서 은잔이 되었고 드디어 금잔이 되었다. 깨지지도 않으며 녹슬지도 않고 빛나는 황금잔이 된 것이다. 험악한 왕수[2]라는 화학물질만이 금을 녹일 수 있다.

수명이 짧았던 예전에는 십오 년을 같이 살면 천생연분이라 했다. 그러나 현대를 사는 나는 오십 년은 함께해야 천생연분이 아닐까, 주장해 본다. 이즘엔 노년에도 졸혼이라는, 황혼이혼보다는 좀 나은 결별을 선택하기도 하나 보다. 하지만 오십 년을 살아 냈다면 제 인생의 금잔에

---

2) 왕수: 강염산과 강질산의 화합물. 금이나 백금 등을 녹인다.

왕수를 붓는 일은 없을 것이다.

어느 누가 좋아서만 그 오르막을 올랐고 내리막 세월도 참아냈을까. 역경이 닥쳐도 견뎌내야 하는 도리밖에 없지 않은가. 잔 속의 와인은 사랑이고 신뢰였다. 은잔이나 금잔이라도 톡 치면 와인은 쏟아진다. 세월이 가다 보니 사랑도 신뢰도 다 닳고 빈 잔이 되었다. 텅 빈 잔, 그 잔에 쓰지도 달지도 맵지도 않은 끈끈한 그 무엇이 채워지기 시작했다. 미적지근하고 무덤덤한, 무색무취의 그것, 바로 정(情)이라 했다.

젊던 시절 사바나를 주름잡던 사자, 그도 세월이 흘러 여든이 넘자 갈기가 백발이 되었다. 역마살인지 운명인지 우리는 그 세월 전국을 누비며 살았다. 언제부터인가 정착하고 싶어 제주의 과수원도 처분하고 딸이 사는 인근, 논산 시골에 터를 잡았다. 트럭도 없애고 승용차도 소형으로 줄였다.

텃밭과 나무와 꽃을 마음껏 가꾸며 조용히 살고 있다. 적당한 노동과 땀이 풍요를 준다. 안분지족(安分知足), 더 바랄 것이 없다. 오십 년이 지나니 피차 아침에 일어나도 소 닭 보듯, 저녁에 잘 때도 닭 소 보듯 무심해 간다. 함께 한다는 사실만으로 부족함이 없다.

이 잔잔함이란, 늘 출렁이던 호수의 물이 이만큼 지수

(止水)가 되었다고나 할까.

얼마 전 우리는 둘이서만 금혼식 잔치를 치렀다. 밤과 낮의 길이가 똑같다는 춘분이 결혼기념일이다. 그날이 돌아오면 예전에는 아침부터 법석을 떨 때가 많았다. 세월이 갈수록 무심한 듯 무정한 듯 무미한 빛으로 흐려갔지만 둘이서 레드 와인으로 '짠!' 하는 것만은 변함없었다.

케이크를 사지 않기로 했다. 대신 농사지은 것으로 붉은팥 떡케이크를 쪄서 나누어 먹고 싶었다. 찹쌀을 시루에 세 켜를 앉혔다. 생일 기분이 들어 미역국도 끓였다. 오래된 오디 와인을 크리스털 잔에 따르고 다섯 개의 촛불을 켰다. 뜰 안에 지천인 수선화를 세지 않고 잘라 꽃다발을 만들었다.

그는 다음 날, 봄꽃 모종을 한 아름 선물로 넘겨주었다. 받아도 그만 안 받아도 그만이다. 딱히 갖고 싶은 것도 바라는 것도 없다. 그냥 서로의 존재 자체가 선물일 따름이다. 비로소 그가 내게 축복으로 온 귀한 인연임을 인정해 본다.

부부란, 산과 강.
산은 강을 품어 생명을 기르고

강은 산을 품어 생명을 잉태한다.
산은 물이 없으면 사막이요,
물은 산에 스며 물길을 낸다.
하나 산은 강물을 넘지 못하고
강물 역시 산을 넘지 못한다.
부부, 둘이 만드는 오아시스
꽃이 피고 사랑이 영그니 그 아름답지 아니한가!

그대 있음에

인생길 굽이굽이 산마루
팔십 고개 다다르니
노을이 집니다
젊어서 보지 못했던 것
이제 보입니다

그대 있음에
햇살이 빛나고
달빛도 그윽
별빛은 영롱
내 인생도 화~안 합니다

같이
밥을 먹을 수 있음이
이야기를 나눌 수 있음이
의지할 수 있음이 축복이란 걸
예전엔 미처 몰랐습니다

지난 세월의 희로애락
꿈만 같습니다.
인생 여정에서 그대는
멋진 짝이요
든든한 친구였습니다

우리는
科學徒
당신은 공과대학
나는 농과대학
인생 전반은 엔지니어로
후반은 그린피아로

제주의 삶
논산의 삶
조촐한 일상 속에서
의미를 찾습니다

꿈을 꿉니다

그대 있음에
꿈이 영글었습니다
책 세 권
'꽃짐을 진 당나귀'
'제5 계절'
'베짱이와 일벌의 금혼식'

오십여 년 함께하면서
사랑이란 이름으로
때때로
구속했으며
평화와 행복을 엉기게 했는지

이제와 보니
토닥거림도 사랑타령

매일의 삶이 잔치였다는 걸
흰머리 되고서야 알아차렸네요
지금 이 시간 내 곁의 그대가
진정 소중합니다

어느 날부터 당신은
정철 선생의 영어 요한복음을 하루 이십 분씩
오백 일 넘게 유튜브로 공부하네요
하루의 첫 일과가 그것
그 모습을 보며 어린 시절도 그랬겠구나

간헐 단식으로 칠 킬로 뺀 것
마음도 그만큼 비웠을 것
절제로 요요를 다스리는 것
당뇨가 없었다는 것
은총입니다

맛있다고 많이 들지 않는 것
값진 재료는 사들이지 못하게 하는 것
우리 몸에 필요한 것 다 값이 싸지요
가성비를 따지며 비싼 옷 거들떠보지 않습니다.
그래도 멋집니다

자제로 수준을 높이지 않는 것
그래서
이웃에게 손길을 내어 줄 수 있는 여력
나누는 삶
애들도 다 압니다

성정이 부드럽거나 따듯한 건 아닌 데
마음을 잘 다스리고
과욕을 부리지 않았음
덕분에 건강을 보존한 것
큰 축복입니다

하느님,
선물 참 많이 주셨습니다
분에 넘치는 아들 사위
세상에 둘도 없는 딸과 며느리
장하고 귀한 꿈나무, 손자 손녀들

하늘이여, 별들이여,
산이여 바다여
나무와 꽃들이여
촛불이여
축복하소서

인생은 순식간
젊음도 명예도 성공도
인생무상인데
그대 있음에
의미가 다릅니다

세상의
종들이여 울려요
새들이여 노래 불러요
꽃들이여 꽃다발이 되어 주오
모두 함께 춤을 추어요

긴 세월 짧은 이야기
짧은 세월 긴 이야기
갈피갈피 담은 눈물과 사랑
한 권의 앨범을
하늘에 올립니다

세월이 깊어질수록
드러나는 진가
뒤돌아보니
인생 팔십이
꿈만 같습니다
(2021)

사려니 숲에서

_생존전략

늦가을 오후 붉은오름 입구에서 하차했다. 안개비가 내리기 시작한다. 여러 대의 대형버스와 승용차들이 대기하고 있는 것으로 보아 숲에는 아직 많은 사람이 들어있다는 이야기이다

사려니 숲을 오르기 시작한다. 사람들은 대부분 비옷을 입고 내려오고 있다. 그럼 비가 내린 지 꽤 되었다는 말인가. 다행히 모자를 쓰고 왔으니 한 삼십여 분, 비를 맞아도 무리가 없을 것 같다. 나는 비도 좋아하니까. 숲으로 올라가는 사람은 나뿐이고 모든 이가 서둘러 내려오고 있다. 차차 인적이 끊기고 숲속은 침침해 간다. 비는 여전히 소리 없이 나를 따라오고.

사려니 숲은 우리 집에서 제일 가까우면서 제주에서

가장 아름다운 숲이다. 그동안 보호 차원으로 숲은 안식년을 쓰고 있었다. 그해 오월 숲을 개방했을 때 전 도민(道民)은 환호했다. 나도 그때 도서관 행사로 그 숲을 걸었다. 오월의 숲은 환희요 시(詩)였다. 때죽나무[3]의 하얀 꽃에서 꿀을 따던 벌들의 붕붕 대던 소리가 들리듯 겹친다. 지금은 나뭇잎이 오색으로 물든 늦가을, 구르몽의 낙엽이 흩날린다.

나는 11월, 단풍이 들면 성판악의 단풍 터널을 다녀와야 직성이 풀린다. 제주는 가을을 느낄 수 없는 아열대 지대이다. 활엽수보다는 상록수가 대부분이기 때문이라 늘 푸르다. 감귤이 황금빛으로 물들어야 아, 가을이 왔구나, 알아차릴 정도. 그 무렵 서귀포에서 제일 횡단도로를 거쳐 제주시로 가는 버스를 탔다면 성판악 단풍 터널에서 사람들은 모두 일어서서 환성을 지른다. 화려한 단풍의 가을빛에 기립 박수를 치지 않을 수 없었던 것.

오늘 불현듯 가을 숲을 만나고 싶었다. 조금 전에 집을 나왔을 때, 이쪽을 바라보니 이미 잔뜩 찌푸려 있었다. 그러나 의심 없이 버스를 탔다. 바로 난 그것이 문제이다. 살면서 너무 준비성이 없는 사람이다. 난 언제나 그렇다.

---

3) 한라산에 많이 자생하는 낙엽 소교목으로 꽃에 꿀이 많이 들어있다.

특히 날씨에 관한 한 단 한 번도 염려하지 않는다. 비 오면 비 맞고 눈 오면 눈 맞겠다는 주장이다. 날씨란 완전히 하느님 소관이므로 이사 날짜를 받아 놓거나 자식들 결혼 날을 받아 놓고도 그 염려는 하늘 몫이라 친다.

만일 남편이었다면 하늘부터 쳐다보고 버스를 타지 않았을 것이다. 아니, 계획에 없는 일은 절대 안 한다. 혹 왔다 해도 곧 발길을 되돌릴 것이다. 그는 집이라든가 다른 부동산을 사도 자기 자본이 백 퍼센트 있어야 구입한다. 애들도 제 아버지를 닮아 아파트를 살 당시 들어있던 융자도 서둘러 다 갚아 버린다. 나만 이단(異端)이다.

그렇다고 내가 아무 근심 걱정 안 하는 천하태평 형은 절대 아니다. 그렇기는커녕 매사에 예민해서 조그만 스트레스에도 잠을 설친다. 단지 일기예보에 무심할 뿐이다. 그건 복잡다단한 삶 속에서 하늘의 소관만이라도 신경 안 쓰고 살겠다는 심정일뿐이다. 문제는 예민한 것과 달리 늘어지는 면이 있다. 가끔 무언가 제때 처리해야 할 일을 미루다 나중에 급하게 해 대느라 진땀을 뺀다. 그것까지도 좋다. 내가 제일 걱정인 건 이승의 마지막 길을 준비 안 하고 있다가 급히 떠나야 한다면 어떡하나, 그 점이 신경 쓰인다.

이제 숲속은 고즈넉해서 노래를 부르며 올라간다.

♬저 수풀 속 산길을 홀로 가며,
　아름다운 새소리 들을 때,
　산 위에서 웅장한 경치 볼 때,
　냇가에서 미풍에 접할 때,
　내 영혼 주를 찬양하리니♬

　이미 숲의 향기와 정취에 푹 빠졌다. 숲엔 새소리만 고적을 깬다. 비는 그쳤고 해가 나면서 자욱한 안개로 숲속은 신비함마저 감돈다. 아, 아름다운 세상이여!

　이참에 나를 들여다본다. 왜 나는 준비성이 적을까. 도대체 난 무얼 믿고 살길래 그리 무심할까. 그렇다고 배짱이 좋은 타입도 아닌데, 어쩜 난 무모한 사람에 속할지 모른다. 단지 유비무환이 신조인 남편 덕에 별 탈이 없었을 것이다. 그렇다고 그가 나를 헤아려 주는 것도 별로인데 그 흔한 보험 하나 들어 놓은 게 없다. 성경 속의 잠언에선 신중함과 현명함에서 벗어나지 말라고 했다. 그렇다고 난 지혜롭지도 못하고 거기다 게으른 사람이다. 하느님은 무얼 먹을까, 무얼 입을까 걱정하지 말라 했다. 괜한 말씀은 아닐 것이다. 분명한 건 나는 하느님을, 세상을, 사람까지도 잘 믿는 데 있다.

그래서 겁이 적을 것이다. 여중(女中) 열네 살 때 아버지 심부름으로 학교를 결석해 가면서 이틀 걸리는 타관에 나가 외상값을 받아다 드린 일이 있다. 그래서인지 나도 아홉 살 딸에게 추석 송편을 들려 중산간 마을인 우리 집에서 서귀포 성당의 수녀님께 심부름을 시켰다. 그곳은 버스에서 내리고도 꽤 멀었다. 딸은 그곳을 우리 차로 한번 다녀온 일이 있지만 혼자서는 만만치 않은 곳이었다. 딸은 신나게 다녀왔다.

생각해 보면 저 나무들조차 걱정이 많을 것 같다. 저들도 생존전략으로서 적자생존을 이루는 생물이 아닌가. 지금 서둘러 겨울을 나기 위해, 최 절전모드로 몸피를 줄이는 중일 것이다. 기온이 내려가니 우선 단풍을 만드는 일이다. 단풍잎을 다 떨어뜨린 후, 그런 상태에서 봄을 기다린다. 나목은 휴면 중인 것 같아도 지난 봄여름에 이미 떨켜에서 만든 잎눈 꽃눈을 보듬어야 한다. 사실 나무는 겨울에 부름켜에서 나이테도 키우고 수피도 키운다. 뿌리는 잠자지 않는다. 물관에서 최소한 생명이 마르지 않을 정도로 물을 올려 꽃눈 잎눈을 불리고 있다. 그런 준비를 혹한 속에서 완성해 가는 중이다, 새봄을 맞기 위해 긴 준비기간을 갖는 것이다. 때죽나무도 꽃과 열매를 만들기 위해 그런 시간과 수고가 있어야 덤으로 꿀도 내어 줄 수 있는 것 아닌가. 뒤늦게 수필에 입문한 나는 언제 잎눈을, 꽃눈을 키워서 향기와 꿀을 내어준단 말인가. 그래 나도 최소한만 남기고 절전모드를 택해야 돼.

  이런 생각을 하며 목적지까지 다 돌고 사려니 숲을 나온다. 버스를 탔다. 아는 사람을 만났다. 그녀가 아니 '무서운 줄 모르고 다 저녁에 혼자 숲속을 다녀오다니!' 하며 놀란 표정을 짓는다. 무모하다는 말인가? 그녀는 모를 것이다. 이 숲을 혼자 차지하고 성가를 부르며 하느님을 찬미하고 돌아 나온 내 기분을. 아, 아름다운 숲이여, 나무여!

  하긴 지금 생각해 보면 무모해서 아찔했던 젊은 날도 있었다. 미국 유학 중인 아들네를 혼자 가면서 달랑 백 불을 쥐고 간 것이다. 또 모스크바에 살던 딸네를 가면서 천 루블을 들고 혼자 다녀왔다. 그나마 러시아는 언어 장벽이 커서 좀 걱정스러웠는가 한국대사관 직원과 통화를 해 놓고 갔다.

  성격이 변한 것일까, 아니, 생존전략일까. 그렇게 무모하던 내가 달라졌다. 겁이 많아졌고 은근 몸도 사린다. 내 기억력을 믿지 않고 메모를 한다. 하고 싶은 일도 재고 또 재다 벌인다.

남편을 닮아가는 걸까, 아니면 나이 탓일까. 그보다는 사려니 숲이 나를 들여다보는 덕을 내준 게 아닐까. 숲이 내게 나무처럼 살라고 일러 줌일 거다.

3부

아름다운 사람들

성모 마리아

취하는 게 술뿐이랴

아름다운 밤을 위하여 2

사랑 그리고 마무리 이후

시로 물든 황금빛 인생

꽃무릇

인생 노트

성모 마리아

티 없으신 분
고결하신 분
은총과 순명으로
아들 예수를 낳으신 분

헤로데를 피해
아기 예수님을 안으시고 피난 가시는 성모님
아들 예수님이 달리신 십자가 아래 서 계시던 성모님
숨을 거두신 예수님을 안고 계시던 성모님의 아픔
그 피에타의 성모님의 고통

아들 예수의 부활과 승천 후
하늘에 들어 올림 받은 성모님
하늘의 여왕의 화관을 받으신 분께
우리의 사랑 희망 기쁨
가장 아름다운 꽃 로사리오를 올립니다

마리아, 성모께선 아버지 하느님과
아들 예수님의 마음을 움직이실 수 있는 분
하늘과 땅의 중재자 우리의 변호자이십니다
저희가 어둠과 폭풍에 휘말려 떨고 있을 때
유일하게 의지할 수 있는 희망의 샛별이시며
절망과 슬픔에 울고 있을 때 함께 아파해주시는 분
인생의 바다에서 길 잃고 헤맬 때
바라볼 수 있는 유일한 등대이십니다.

저희가 매일 올리는 기도의 문이시며
영원한 생명으로 들어갈 수 있는 통로이시며
천사들의 어머니이신 당신께서는
고향집 문전에서 이 몸을 기다려 주시는
자애로우신 어머니

어머니
저희가 매일 바치는 장미 꽃다발

가슴 가득히 받아주세요
저희의 눈물 기도와 봉헌
받아주세요

저희가 어머니께 올리는 성모송은
신비의 흰장미꽃
영혼을 씻어주는 천상의 이슬이며
귀중한 보석이고 기적의 약이 된다는 것을
성인들이 친히 들려주신 말씀으로 믿습니다.

자비의 어머니
저희 삶이 하느님의 뜻에 전혀 미치지 못하지만
바로 살고자 노력하오니
저희의 지난날을 변호해 주시고
시련에 함께해 주십시오

지금 우리는

재앙 속에 떨고 있습니다
하느님께서 마련해 주신 아름다운 지구별
바벨탑을 쌓다 보니 생긴 이 재난
어떻게 해야 하나요

이산화탄소 증가로 평균기온 상승
고열로 빙하가 녹아나고
여기저기 산불 폭우 가뭄
물 부족으로
삶의 터전이 사막으로 변해갑니다

갈 곳을 잃은 코로나바이러스가 인간을 공략
바이러스의 전성시대
아직 길이 안 보입니다
하다 하다 이젠 위드 코로나
델타에서 마구 번지는 오미크론 코로나

생명이신 어머니
저희와 지구를 함께 지켜주세요
절대, 백신만으로 끝날 일이 아닙니다
우리는 고속 발전을 피해
돌아가야 합니다

저희 삶이 하느님의 뜻에 맞갖게
바로 서는 삶이 되게 이끌어 주소서
저희의 어리석음을 올립니다
저희의 피난처 성모님
위드 하느님

크시도다 주 하느님!

취하는 것이 술뿐이랴

 중용(中庸)이니, 적당(適當)이니 하지만 그게 어디 말처럼 쉬운 일인가.

 취하는 게 술뿐이 아니듯 무엇이든 지나치게 도취(陶醉)하면 정도(正度)를 잃는다. 댄스, 얼마나 달콤한가. 사랑, 말하면 무엇하랴. 어떤 행복 물질이라도 도(度)가 넘치면 취하기 마련, 세상에 보이는 게 없어진다.

 내가 부러워하던 모 작가는 글을 아주 잘 쓰는 여자였다. 어느 유명 문예지에서 수필 대상을 받은 노 작가의 수필집에 발문을 쓰기도 했다. 그러나 그녀의 남편은 극구 글을 못 쓰게 말렸다. 글을 잘 쓰는 게 그녀의 멋이라 매료되었는데 왜 그 남편은 그 매력에 질려버렸을까. 글을 쓰려면 원고료로 집안 살림을 꾸리라고 월급을 갖다 주지 않았다. 생트집이다. 폭력이며 주정이다. 결국, 그들은 합의점을 찾지 못했다.

발문을 받은 그 노 작가는 내가 존경하며 따르던 분이었다. 글을 쓰시면서 원주 치악산 밑 방그러니 계곡에 집필실을 마련하셨다. 화전민이 살던 그 산속은 겨울에 얼마나 추웠을까. 고혈압이신 그분이 겨울이면 서귀포로 집필실을 옮기셨다. 이중섭 화가가 한때 살았던 서귀포 정방동 아랫동네였다.

선생님은 여든아홉 초가을에 큰 수술을 받으셨다. 그 여름 세 권의 책을 내시면서 무리하신 것이다. 두 번째 수필집과 선수필집과 해마다 만드는 동인지 수필집이었다. 병이 자라는 줄도 모르고 수필이란 세로토닌과 엔도르핀에 취해 여름을 나셨다. 초가을 탁구공 크기의 병소를 떼어내시고 치료가 끝나자 그 몸으로 서귀포에 오셨다. 당시 선생님은 어느 신문에 격주로 수필을 연재하고 계셨다.

반가운 마음에 문우와 한걸음에 달려갔다. 리조트 룸에 들어서자 독한 약 냄새가 확 풍겼다. 병색이 완연한 얼굴로 임플란트까지 시술 중이셨다. 한 달여 잘 계시다가 정기검진을 위해 육지로 떠나셨다. 설상가상 치악산 눈길을 운전하시다 사고를 당하셨다. 골병든 몸으로 무엇 때문에 다시 서귀포에 오셨는지 모르겠다. 이번엔 얼마 못 계시고 큰아드님께 SOS를 청하셨다. 바로 서울 병원에 입원하셨지만, 의사도 소용없었다. 찬란하던 불꽃이 아흔에 사그라졌다.

나는 오 년 동안 겨울이면 선생님의 서귀포 집필실에 다니며 몇 문우와 공부를 했다. 공부라기보다는 그분의 인생을 들여다보는 게 좋았다. 선생님은 수필을 쓰려면 **"수필적으로 살아야 한다."** 라고 늘 말씀하셨다. 나 역시 수필에 취해 보이는 게 없던 때였다. 과연 수필적으로 사는 건 무엇일까. 우선 선생님의 치악산 산방이 무척 궁금했다. 그 여름 서귀포 남원에서 원주 치악산 밑 선생님의 산방을 방문했다. 마침 지난겨울 산방에 불이 나 서재가 몽땅 탔다. 새로 친환경 자재로 중후한 집을 지으셨다. 집들이 축하 잔치에 여럿이 가려고 했는데 때아닌 태풍으로 며칠 후 나 홀로 다녀왔다.

그 아름다운 집에서 혼자 살고 계셨다. 집 뒤편에 집을 관리하는 한 분이 계셨다. 선생님은 글을 쓰시면서 지금으로 치면 졸혼을 하면서, 부부간의 불편을 해결하셨다. 수필집 어느 대목에 쓰셨듯 재산을 두 분이 똑같이 나누시고 사모님은 산 아래 아파트에서 따듯하게 살고 계시면서 산방 아래편에 쉼터를 가지고 계셨다. 매일 텃밭을 돌보러 올라오셨다. 사실 만취한 배우자의 열정을 이해해 줄 사람은 그리 많지 않을 것이다. 한편 아무에게도 방해 안 받는 절대 자유의 길은 혼자 사는 게 그나마 그중 안성맞춤이었나 보다.

수필적으로 산다는 건 어떤 것일까. 그것이 나의 화두였다. 품격 있는 삶과 글과 언행일치의 진정성일 것이다. 아울러 취기의 다스림이고 겸허함이다. 취기와 열정이 넘쳐 외도 수준이 되면 옆 사람에게 상처와 불편을 안 줄 수 없기 때문이다.

수필적으로 사는 것, 사실 자유롭다고 얻어지는 격조는 아닐 것이다. 그러나 수필을 쓰면서 자신의 삶을 꺼내 재조명하다 보면 자아의 재발견으로 인한 성찰이 나온다. 뒤돌아볼수록 자신을 다듬게 된다. 수신(修身)과 수심(修心), 영혼의 때를 씻어내는 작업, 나는 그것을 영혼의 스케일링이라 생각한다. 지난 시절의 아픔도 시련도 긍정의 눈으로 바라보게 된다. 쓰고자 하는 소재에 따듯한 눈길을 보내게 된다. 자연 글과 언행에 진정성이 배이게 된다.

실향민이던 선생님은 젊어서는 사업을 열정적으로 일으키셨다. 육류가 턱없이 부족하던 육칠 십 년대, 선진 양계사업을 일구어 삼일 문화상까지 받았다. 청년 시절부터 문학을 꿈꾸던 분이라 자녀들 다 출가시키고 사업도 마무리한 후 윤모촌 선생님께 수학했다. 팔십 대에 현대수필

대상을 받으며 인생을 꽃피우셨다. 그리고 보면 이십여 년간 전성시대를 누리다 가신 분, 남들과 다르긴 하다.

 나도 꿈을 꾼다, 꿈에 취해 돌진하는 이상 꿈은 이루어지리라 믿는다. 하지만 노년에 부부가 의지하고 살면서 상대편이 그 취함을 외도로 치는 한 선택의 여지가 없다. 그 어려움을 극복하는 데 시간이 필요했다.
 결국, 중용, 사랑과 절제와 기다림으로 이룰 수 있었다고나 할까.

아름다운 밤을 위하여 2

　무엇이 성공인가. 우리가 오늘 밤 발표할 주제이다.
　우리 독서회원들은 이날을 기다리며 토론 과제를 깊이 생각해 본다. 한 달에 한 번 정기 모임이 있어 그때 독서 토론을 하고 연말에 낼 문집을 위해 써 온 글도 합평한다. 나아가 연말이 되면 아쉬운 마음에 송년 파티를 여는데, 미리 주제를 정해 스피치 시간을 갖는다. '아름다운 밤을 위하여!'는 우리 독서회 송년 파티의 명칭이다. 모두 그날을 손꼽아 기다린다. 사오, 육칠 십 대의 회원들이 한결같이 파티의 환상을 꿈꾸기 때문이다. 음식은 각자 한 가지씩 해 오는 게 전통이다.
　그날, 한 회원의 업소인 '콩자네 카페'를 완전히 점령했다. 카페는 이미 성탄 분위기로 잘 꾸며져 있었는데 회원

중엔 파티 플래너 못지않은 실력자가 있어 더욱 화사한 분위기를 연출했다.

우선 정성껏 만들어 온 음식을 뷔페식으로 진열했다. 나는 고기를 넣은 감자 크로켓을, 누구는 중국식 채소 해물잡채를, 카페 주인은 아보카도 날치알쌈을, 색색의 김밥과 유부초밥에 오곡 찰밥, 고구마 맛탕에 연근 튀김, 쑥 송편에 도토리묵, 과메기와 채소 세트, 회원 스무 명이 먹고도 남을 케이크와 포도주 그 외 이름을 알 수 없는 명품 음식들이 차려졌다. 하늘에 성근 별이 뜨기 시작하자, 케이크에 촛불을 밝히고 레드 와인을 따라 서로의 건강과 행복을 위해 축배를 들었다. 우리의 아름다운 밤을 위하여, 위하여!

식사가 끝나고 스피치 시간이 돌아왔다. '무엇이 성공인가?'

제일 먼 곳에서 온 회원이 첫 번째 입을 열었다. 그녀는 시인이며 중견 수필가이다. 그녀가 현 문인협회 논산지부 논산문학 회장직을 맡고 있다. 그로서 이미 성공한 셈이다. 그녀는 스트레스를 적게 받는 삶을 위해 자기 삶의 반경을 확대하지 않고 조용히 살고자 하는 마음이 성공으로 가는 열쇠가 될 것이라 했다.

현 회장은 지난날 '싱크 빅' 팀장으로 있는 힘 다하여 치열하게 살아왔다. 육십 대 초반의 그녀는 땀의 대가가 한낱 헛것으로 생각된다는 것이다. 자신은 백 권도 넘는 자기계발서를 읽으며 성공을 꿈꾸었지만, 책에선 아무것도 건지지 못했다고 말했다. 지금 산뜻한 아침을 맞고, 잠자리에 들면 유쾌했던 하루를 감사하며, 이 여유로운 마음이야말로 성공으로 가는 길이 될 거라 했다. 그녀는 이곳 지방 신문 명예기자로, 어르신 한글 교사로 일하며 시인으로 등단했다.

콩자는 모두 알다시피 몇 년에 걸쳐 카페 건물을 짓고 막대한 자금을 들여 정원 조경까지 마무리했다. 이젠 정원에서 시화전을 열만큼 명소가 되었다. 그러나 그 힘들었던 과정은 아무것도 아닌 듯 자신에게 힘들 때 부르면 당장 달려와 줄 둘도 없는 친구가 있다는 걸 성공으로 내세웠다. 그녀가 모 대학 조경학과에 입학했다.

다음 회원은 치매기가 있는 시아버지를 백이 세까지 잘 모신 바 있는 효부 회원이다. 근간에 그녀는 친정아버지가 한 말을 인용했다. "너는 성공했다." 반대하는 결혼을 하고도 잘 살아 낸 걸 우회적으로 말한 것이다. 그녀는 현역 대위 시절 육군 본부에 근무하면서 사령관 부관을 했다. 그 후 반대를 무릅쓰고 좋아하던 병장 출신과 결혼했다. 그래서 그녀는 자신의 인생은 성공이었다고 좌중을

웃겼다. 그녀는 지금 사이버대학 다문화과에서 사 년 장학금을 받고 학업 중이다. 지방 사투리의 어원을 수집하고 있다.

몇 사람 걸러 내 차례가 되었다. 무엇이 성공일까, 존경과 찬사와 갈채를 받는 것만이 성공일까. 물론 틀림없다. 그러나 그 빛나는 성공의 뒷면엔 실패도 많았을 것이며 외로움과 허무가 대부분을 차지했을 것이다. 또한, 불안의 연속일지도 모르고 건강은 이미 저당 잡혔을 것이다. 칠십 대 중반이 넘은 내 눈엔, 나보다 연상인 모든 이들이 성공한 인생으로 보인다. 그 나이까지 살아 냈다는 자체가 소설 열두어 권 분량의 사연을 헤쳐나 온 것 아닐까. 인내와 노력 없이 어찌 살아남았겠는가. '무엇이 성공인가.' 굳이 한마디 한다면 에머슨의 생각처럼, 내가 태어나기 전보다 조금이라도 아름다운 세상을 만들고 떠나고 싶다. 그래서 나는 지구 한 귀퉁이라도 아름답게 하려고 꽃을 심는다. 좀 더 말해 본다면 '무엇이 성공인가'에 대한 답은 '정답 없다.'이다.

사십 대 중반의 젊은 회원은 우리의 성공 타령이 마음에 들지 않는 모양이다. 그녀는 계속 정진해 나가겠다고 말했다.

우리 독서회에서는 금 년 두 사람이 수필로 등단했다.

책을 읽다 보니 글을 쓰게 되고 글을 쓰다 보니 작가가 된 것이다. 돌아오는 새해 모임 때, 26집 문집의 출간기념회를 한다. 더 나은 아름다운 삶을 위하여, 책에서 인생의 지혜를 배우고 풍요를 구하며 **'우리는 하루하루 더 성공적인 사람이 되어간다.'**(성남 '안나의 집'에 걸린 말)

  오늘 우리를 화사하게 빛내준 아름다운 밤이 오래오래 기억될 것이다.

사랑 그리고 마무리 이후

만추였다.

그러지 않아도 스산한 계절인데 스마트 폰에 뜬 메시지, '모월 모일 선생님 영면'

친구가 남편 장례를 마치고 보낸 문자였다. 그녀의 남편은 우리 은사님이기도 하다. 깜짝 놀라 전화를 넣었다. 며칠을 계속 받지 않는다. 열흘만 인가, 나는 태어나서 그렇게 처절한 목소리는 들어 본 일이 없다. 무어라 표현할 길 없는 비탄이, 다 잠긴 성대에서 막혀버릴 듯 새어 나온다. 나는 금세 긴장했다. 큰일이다. 친구가 꼭 따라 죽을 것만 같다. 그날 이후 그녀가 잘못되면 내 책임인 듯 원격이지만 그녀의 아픔 속으로 들어갔다. 그녀는 달이 바뀌어도 목이 잠겨 말을 못 했다. 겨우 알아들은 말은 "마지막 인사까지 잘하고 보내드렸어"다.

백 일이 다 가도록 친구의 목에선 피맺힌 애달픈 소리만 새어 나올 뿐이다. 그래도 난 알아들었다. 마지막 인사 후 남편이 섬망에 들어갔음에도 그 밤 그녀는 서울 한 하늘 아래 사는 외아들을 부르지 않았다. 이 천금 같은 시간을 어떤 누구와 함께하기도, 빼앗기고 싶지도 않았다. 그녀가 남편의 입을 벌리고 적포도주 한 모금을 입에서 입으로 넣었다. 연속, 네 번을 넣어드렸다. 희미하게 넘어가는 소리까지 들렸다.

그녀는 장례식장을 이용하지 않았다. 애도보다는 술자리로 변한 시끌벅적 장마당 분위기가 싫었단다. 유골은 남편이 평생 가꾸어 온 별채가 있는 시골 정원의 은행나무 아래 안치했다. 고인이 은퇴 후 제일 좋아하던 곳이며 아내를 위해 가꾸던 정원이었다.

다시 은행나무 잎이 찬바람에 뒹구는 계절이 돌아왔다. 그녀는 일 년이 지나도 나아지지 않았다. 오히려 살아생전보다 더 많은 시간을 남편을 껴안고 보냈다. 항상 하는 말은 평생 잘해 드린 게 없었다는 것, 왜 그 좋은 말, 당신 멋져! 고마워! 하는 말을 못 했는지.

망각이, 시간이 해결해 주리라 누누이 말해도 그건 쓸데없는 말이었다. "절대 잊고 싶지 않아, 오히려 잊을까

두려워". 안방에 큼직한 사진을 걸고, 시골 별채에는 더 큰 사진을 걸어 놓았다. 아무 일도 하지 못했다. 그냥 멍하니 있을 뿐이다.

그날, 별이 빛나는 밤에 영롱한 또 하나의 반짝이는 큰 별을 본 것,
별이여 어둠을 뚫고 내게로 오소서. 내 노래를 들어주소서.
그 밤 토젤리의 세레나데를 불러드렸단다. 나는 그 노래를 녹음하여 보내 달라고 했다. 얼마 전에도 내게 노래를 불러 보내준 적이 있었기 때문이다. 친구가 노래를 잘 부르니 잠시나마 남편을 잊어보라고.

그녀는 시간을 거꾸로 돌리기 위해 시간여행을 떠났다. 엊그제 시골로 내려가 꼭 육십 년 전(1961년), 그러니까 부활절 전날 밤 고해성사를 보고 집으로 오던 그 길 목을 찾아 나섰다. 그때 우리는 고3이었지만 그녀는 어머니의 성화를 이기지 못하고 바쁜 틈을 타서 성당을 다녀오던 길이었다. 건너편 길 쪽에서 자신을 부르는 소리를 듣고 걸음을 멈추었다. 선생님이 나를 왜 부르실까, 놀라웠다. 선생님은 같이 걸어 줄 수 있냐고 물었다. 안 된다, 하

고 집으로 향했다. 잠시 후 돌아보니 꼼짝하지 않고 그 자리에 서 계셨다. 좀 이상한 기분이 들어 뒤따라 걸었다. 그때 왜 그렇게 쓸쓸해 보였던지, 그날이 인연의 출발점이 아닐까 하는 생각에, 흔적을 찾아 나선 것.

컴퓨터에서 1961년 부활절을 검색하니 4월 2일이었다. 그래서 4월 1일 꼭 육십 년 전의 그 장소로 향한 거다. 옛날의 자기 집과 성당을 중심으로 그 지점을 찾아보았지만 길은 6차선이 되고 건물은 높이 올라가 전혀 분간할 수 없었다. 어느 노인을 만나 물으니 바로 그녀가 서 있는 지점이 그때의 그곳이라 했다. 그녀는 회상을 더듬어 그때 따라갔던 그 길을 추적하며 몇 시간을 헤매다가 지쳤다. 가슴 가득 허무만 안고 타임머신에서 내렸다. 휴대폰을 들춰보니 삼만칠천 보로 기록되어 있었다.

그녀와는 여학교 때 이태 동안이나 같은 반이었고 내가 좋아하던 친구였다. 남편이 된 그 선생님은 우리의 체육 선생님이셨으며, 고3 여름방학 끝나고 서울로 전근 가셨다. 떠남은 그리움을 움트게 했다. 하지만 인연의 싹은 이미 더 옛날인지 모른다.

그녀는 여중 1학년 때부터 내내 반장이었다. 반장은 으레 체육 시간의 조수 노릇을 했다. 그러나 선생님은 꼭 다른 아이를 시켰다. 친구는 선생님께 좋은 눈빛을 보내지 않았다. 아니, 서로 싸한 눈길을 주었으리. 친구들에게 선생님을 비난하며 여고 졸업반이 된 것. 시니컬한 눈길은 피차 사랑의 프롤로그가 아니었을까. 아니, 아니 그보다도 인연의 홀씨는 억겁에 걸쳐 우주에 떠돌다가 그 언제 두 사람에게 안착했으리.

그해 늦가을, 우리는 마지막 수학여행을 법주사로 갔다. 그 친구는 가지 않았다. 병원에 간다며 서울을 다녀왔다. 그리고 몇 달 후, 친구는 수재들이 모이는 S대 경제과에 입학했다. 선생님과 본격적으로 만나면서 숱한 화제를 뿌렸다. 누구나 그 둘을 언발란스 조합으로 단정했지만, 친구는 갈등과 모든 장애를 극복해 가며 졸업 후 결혼했다. 그분을 구원할 사람은 자기뿐이란 마음엔 변함이 없었다. 그분의 방황을 잡아 줄 사람도 자기뿐이었다고. 그녀는 적지 않은 나이 차도 극복했다.

재작년 가을, 그분은
아흔여섯에 이십여 일 침대에 누워 계시다 돌아가셨다. 이별 연습은 충분했다고 믿었는데 아무 소용이 없었다. 이 세상에 없는, 남편의 흔적이 있을 만한 곳은 어디든 찾아 나섰다. 그 옛날 소풍 갔던 곳, 학교 출퇴근하던 길, 체육 선생님으로서 호령하던 모교 운동장, 신혼집이 있던 동네 등. 나중엔 그분 옛 직장의 은퇴 후배 교사들이

가던 태극기 부대의 광화문까지 찾아가 그들과의 대화 속에서 남편의 흔적을 찾아보려 했다.

선생님은 일제의 태평양 전쟁 말기에 징집되어 홋카이도에서 초년병을 보냈다. 그때 혹독하게 당한 초년병 시절의 군대 이야기를 리플레이하면 그녀는 전혀 달갑지 않았다. 일왕의 항복 방송을 들었다는 말만 귀에 들어왔다. 거기다 6·25 참전 용사로서 전쟁의 추억을 꺼내면 좋았다.

문득, 친구는 그 옛날 선생님이 밤을 새워 읽었다던 고미카와 준페이의 《인간의 조건》이 생각났다. 선생님도 참여했던 일제 말기의 태평양 전쟁 이야기다. 먼저 영화 '인간의 조건' 1, 2, 3편을 찾아서 보았다. 연이어 《인간의 조건》 전 6권을 도서관에서 빌려 열흘 만에 다 읽었다. 그 당시 남편의 일본 군대 이야기를 경청해 주지 않은 것이 후회되었기 때문이다. 무언가 그분이 하던 말이 그 책에 있을까 해서 죽어라 읽은 것이다. 모르겠다. 단지 앳된 남편의 총칼 찬 모습이 뵈는 듯했을 뿐이다.

덩달아 나도 읽었다, 주문하면서까지. 친구와 공감하기 위해서였다. 친구와의 공통 대화를 위해 읽은 거다. 친구에게 말을 시키는 것이 내 역할이기 때문이다. 때때로 엉뚱한 화젯거리로 잠시 남편을 잊게 시도해도 결말은 남편 이야기로 귀결됨과 동시에 그녀 음성은 젖는다. 얼마나 더 흘려야 눈물이 마를까.

  친구는 사오십 대에 걸쳐 두 번이나 암 수술을 받느라 고생했다. 선생님은 그때 당황하여 하느님께 매달리느라 세례까지 받으며 기도하셨다. 천상천하에 하나밖에 없는 연인이자 아내인 그녀가 꼭 죽을 것 같았다. 옛날에 당신이 놓아주었으면 전도 창창한 앞날을 보장받았을 아내인데, 당신을 만나 평범하게 살게 한 것이 늘 죄지은 느낌이었다. 환자보다도 더 초주검이 된 보호자, 죽기 살기로 아내를 살려달라고 하느님께 매달렸다.

  그 정성인지 그녀는 서서히 회복했다. 내가 제주에 살 때였다. 무엇을 해 줄 수 있겠는가. 이른 봄이었다. 제주의 자생 수선화인 금잔옥대(金盞玉臺)를 한 아름 보내면서 수선화 꽃향기 테라피로 잠시 우울을 떨쳐주고 싶었다. 친구는 건강을 찾았다. 그 후 내외가 십여 년 손자 둘을 맡아 기르며 행복한 노후를 함께했다.

이제 그는 갔다.
언제 그녀의 눈물이 마를까만
시간은 분명 친구의 기억도 풍화시키리라.
하나, 억겁이 지날지라도 소멸하지 않을 것,
부부의 인연 이리.

시(詩)로 물든 황금빛 인생

 길이 남을 명작 한 편을 쓸 수 있다면 절필할 수 있을까, 어느 유명 여류 시인은 그런 심정을 시로 쓴 적이 있다. 내가 잘 아는 중견 시인께 여쭈어보았다. 최고 걸작 시를 한 편 내면 절필할 수 있습니까. 노, 노. 한 편의 명작보다는 백수까지 시를 쓰며 살다가 죽고 싶다고 말했다. 짧고 굵게 살기보다는 가늘지만 길게 살고 싶다는 말이다. 젊은 시절엔 '짧고 굵게 살겠다.'라고 다짐하지만 나이 들면서 그 말은 빛을 잃는다.
 대개 천재는 짧고 굵게 살다 간다. 누구도 스티브 잡스를 높이 보지 않는 사람은 없을 것이다. 그는 애플사를 일구어 스마트 폰까지 출시하여 부를 창출하고 최정상의 성공을 누렸다.

그의 삶이야말로 황금빛 인생이었다. 그러나 곧이어 찾아온 병상에서 자기의 인생을 후회했다. 먹고살 만큼 부를 축적하면 그다음은 달리 살아야 했다는 것.

그러니까 인간관계에 중점을 두는 삶이라든가 예술을 하던가, 어릴 적의 꿈에 도전하든가 하는 그런 삶을 살아야 했다는 게 그의 마지막 메시지였다.

마지막 병상에서 하는 말은 자신의 인생 중에서 가장 절실하고 진실한 말이다. 죽음에 이르면 누구든 후회가 없겠는가만 병상에서 그가 이룩한 부와 갈채는 아무 소용이 없었다.

돈으로 운전기사를 쓸 수 있고 누가 대신 돈은 벌어 올 수도 있지만, 생명을 살아 줄 수는 없는 일. 엄청난 그의 부는 그럴 때 아무 쓸모가 없었다는 것, 단 한 푼도 가져갈 수 없지만, 사랑의 좋은 추억만은 다르다는 것.

만일 스티브 잡스가 병상의 고통과 절망을 이겨내고 일어났다면 그는 그야말로 그간의 인생 사계(四季)를 청산하고 제오 계절[4]을 살았을까. 달리 살았을까. 그럴 확률이 크긴 할 것이다.

그는 애플사를 일구어 수많은 사람에게 일자리를 제공

---

4) 역경이 지난 후에 얻은 봄여름가을겨울이 함께하는 전천후 계절

했고 편리한 세상을 만들어 주었다. 보통사람이 할 수 없는 일을 했고 갈채를 받으며 살았다. 갈채가 그의 힘을 돋웠다고 했다. 그러나 56세의 한창나이에 췌장암으로 세상을 뜨면서 그는 후회했다. 진정 후회하며 우리에게 그런 메시지를 남긴 것이다.

사실 사람은 누구나 내게 없는 걸 부러워하기 마련이다. 빼빼한 내가 산책할 때 동네 동년배 할머니들은 나의 다리를 부러워한다.

그들이 잘 걷지는 못하지만 밥 잘 먹고 건강해 뵈는 통통한 살집을 나는 진정 부러운 눈으로 본다. 잡스가 뒤늦게 후회했다고 해서 그를 미련한 사람으로 보는 이는 없다. 역시 그는 위대한 업적을 낸 길이 기억될 사람임이 틀림없다.

중국 춘추시대의 귀재(鬼才)였던 장자(莊子)는 현명한 사람은 가급적 일을 하지 않는다고 했다. 적게 움직이고 적게 일하고 적게 얻는다고 했다. 그 역시 새겨들어야 할 덕목이다.

너무 지나치게 밤낮 일만 하는 것은 남의 일할 기회를 빼앗는 일이 될 수도 있긴 하다. 그렇다고 일을 안 하면서 남의 것만 바라는 건달을 말하는 것은 아니다. 몸과 마음을 다 쓰고 나면 자연의 법칙에 따라 병이 올 수밖에 없는 건 사실이다.

나는 근간에 시내를 다녀오다가 눈에 들어오는 한 현수막을 보고 빙그레 웃었다. '시(詩)로 물든 황금빛 인생', 논산 문화원의 시작(詩作) 교실을 위한 광고 문구였다. 담당 시인 강사는 권선옥 전 연무고 교장 선생님이며 현 논산 문화원 원장이시다. 그분이 논산 시민에게 시를 가르치고 있다.

그의 문하생 중엔, 어느 날 길을 가다가 바람에 흩날려 발길에 차이는 신문지 한 장을 주운 사람이 있다. 초로의 그녀는 뭉개진 신문 속에서 시작(詩作) 모집 광고를 봤다. 그녀의 마음이 떨렸다. 간절하던 마음에 스파크가 일었다.

알고 보니 그녀의 여동생은 나와 모 문학회 동료인데, 내게 언니를 좀 신경 써 달라는 부탁을 한 바 있다. 그러나 차일피일하던 때였다.

얼마나 간절했으면 그 구겨진 신문지가 신발에 붙었을까. 농사만 짓던 그녀가 시인이 되었다. 그녀의 인생은 변했다. 황금빛으로 물들었다. 스티브 잡스가 제시해 준 메시지는 바로 그것이었다.

노년은 풍요로워야 한다. 지엔피로 보면 선진국 수준

이지만 노년에 여전히 손에서 돈벌이를 놓지 못한다면 빈곤한 인생이다.

　이곳 농촌에서는 일손이 모자라 허리가 기역 자로 굽고 무릎도 수술을 받았지만 높은 일당에 현혹되어 자리에 눕기 직전까지 일을 나간다. 많이 가진 이가 부자가 아니라 자신을 가꾸며 많이 내어놓는, 나누는 삶이 풍요의 삶일 것이다.

　노년에 시인이 된 그녀의 인생이 바로 황금빛으로 물든 것 아닐까.

꽃무릇

 초가을, 수덕사로 오르는 숲속에 꽃무릇이 애잔하게 피어나고 있다. 일주문부터 대웅전으로 오르는 길 양쪽 그늘에, 잎도 없이 올린 꽃대에서 불타오르고 있다. 새봄에 잎이 올라와 여름엔 슬며시 사라져 버리니 존재 여부조차 알 수 없다. 초가을에 꽃대궁을 올려 주홍빛으로 피어나는 꽃무릇은, 잎과 꽃이 서로 만나지 못해 상사화라고도 한다나. 이 절에서 스님으로 살다 입적하신 일엽 스님, 이승에서 못다 이룬 애달픈 사랑이, 스님의 넋이라도 되는 양 꽃무릇이 애틋하다.
 일엽(김원주)은 일 세기 전 일제하, 절대적 남성 중심의 시대에 여성에게 씌운 족쇄를 풀고 철벽을 뛰어넘은 여성 해방 운동가였다고나 할까. 그 시절 두 번이나 이혼하고도 여러 차례 화려한 남성 편력을 가진 자유인이요, 시인이며 소설가요, 수필가요 언론인이었다. 당대의 인습에 얽매이지 않은 분이었다. 예나 지금이나 숙명은 어쩔 수 없는 일이다.

실연의 상처를 딛고 서른두 살 때 이곳 수덕사에 이르러 만공 스님의 법문을 듣는다. 무엇이 그분을 부처님께 귀의하게 했을까, 생의 허무였을까, 삶의 막다른 길목으로 이어진 현실도피였을까. 인습에 대한 환멸이었을까. 아니, 영원한 진리를 찾아 깨달음을 찾아가는 구도의 길이었을까.

조실부모했던 그녀가 이화학당을 졸업하고 일본 유학 길에 오른 것은 첫 남편의 후원 때문이었다. 그럼에도 유학 중에 만난 일본 명문가 자제인 오오타 세이료와 사랑에 빠진다. 거기서 아들을 얻었지만, 시댁 측의 반대로 결혼에 이르지 못한다.

일엽은 청춘을 전부 불사르고 불가에 귀의했을까, 귀의 후에 청춘을 불살라 버렸을까. 독립운동가이자 수덕사의 주지인 만공 스님의 상좌가 된 그녀는 절필을 약속하고 20여 년 집필을 중단한다. 그 후 예순이 넘어 『청춘을 불사르고』를 세상에 내어놓았다.

이 땅에 태어난 여자로서 그녀만큼 인습에 매이지 않

고 극과 극으로 산 인생도 드물 것이다. 인간 욕망의 허무와 허상과 이루지 못한 사랑으로 인한 한이야 어찌 셋을 수 있었겠는가. 수덕사의 문화해설사보다 우리 일행과 같이 한 박상O 문인화가가 그녀를 더 잘 알았다. 박 화가가 어리던 시절 이곳 만공 스님의 제자에게 서예를 배우며 드나들다 들은 이야기였을 것이다. 독립운동가였던 주지 만공 스님은 일엽의 아들인 일본인 대학생에게 군자금을 나르게 했단다. 일본인이라 일경으로부터 자유로운 사람이었기 때문이리.

이곳엔 꽃무릇이 된 또 한 사람이 살다 갔다. 수덕사 일주문 위편 좌측엔, 그 당시 미술 혼을 불사르던 고암 이응노 화백의 넋이 깃들고 있는 수덕여관이 있다. 수덕여관은 원래 수덕사 객사였다. 일엽도 스님이 되어 비구니 암자로 들어가기 전까지는 그곳에서 머물렀을 것이다. 객사로 쓰던 것을 만공 스님이 고암 이응노 화백에게 불하하여 여관 겸 그의 작업실과 거처가 된 곳이다. 우리는 이곳에 당도하기 전에 수덕사와 멀지 않은 곳에 자리한 이응노 화백의 고향 생가와 거기 딸린 기념관을 거쳐왔다. 더 먼저는 대전 미술관의 이응노 관을 거쳤다. 그곳은 고암 이응노 화백의 아들이 관리하고 있었다.

화백은 넓은 세상에서 자신의 그림을 세계화하고자 한국전쟁 후 파리로 떠난다. 월북했던 큰아들과의 연결로 그는 동백림사건에 연루되어 대전 교도소에서 4년을 복역한다. 당시 부인인 박귀희 여사가 수덕여관을 하며 이 화백의 옥바라지를 했다. 그러나 고암은 출소하여, 제자였던 박인경 화백만 데리고 다시 파리로 돌아간다. 수덕여관, 박귀희 여사의 눈물이 깃든 곳이다. 남편의 제자였던 박인경에게 남편을 내주고 홀로 수덕여관을 운영하다 떠난 박귀희 여사의 한도 꽃무릇이 되었을 터.

동시대에 이 수덕사 인근에서 태어나 수덕사에 출가하여 후일 백담사에서 스님이 되신 만해 한용운 선생도 수덕사와 깊은 연관이 있다. 그도 본부인을 버렸다. 이분들은 암울한 동시대에 태어나 인생을, 예술을 조국애를 불태웠던 분들이다. 수덕사와 깊은 인연을 가진 세 분, 아니 만공 스님의 넋도 꽃무릇이 되었으리.

이루지 못한 사랑, 조국애 그리고 예술혼을 불태웠던 그들의 넋이 꽃무릇으로 다시 태어나 이 가을 산사를 불태우고 있다.

인생 노트

_상쇠의 장밋빛 인생

지자체마다 은빛 프로젝트에 열을 올리고 있다. 이곳 모 신문사에서는 논산시 백 세 건강과의 '동고동락(同苦同樂)' 사업의 하나로 어르신들의 '인생 노트'를 상재하고 있다. 여러 어르신의 인생사를 신문 한 면에 할애하고 차후 묶어 책으로 내드릴 계획이다. 시민 기자가 쓰는 작은 자서전인 셈이다.

인생이란, 그럴듯한 사람에게만 한정된 것이 아니듯, 보통사람들의 삶도 그 속엔 성공과 실패에 따른 기쁨과 처절함과 애환의 수많은 이야기가 들어 있기 마련이다. 아니 소설보다도 더 소설 같을 수도 있다. 조금 보탠다면 대단히 드라마틱한 소설이 될 것이지만 오히려 사건을 여과하고 자제해서 써야 한다. 일곱 분을 취재하면서 나는 일곱 권의 대하소설을 읽은 셈이었다.

근간에 보통사람처럼 보이지만 절대 보통사람이 아닌 망구(望九) 어르신 한 분을 취재하여 싣게 되었다. 내가 쓴 어르신의 인생사가 신문 한 면에 나가자 읍장님이 그분을 만나고, 여러 곳에서 축하를 받으며 그분의 많은 여성 팬들이 눈시울을 붉혔다 한다. 자식들에게 언젠가는 말해 주고 싶었던 그 옛날의 서러운 이야기도 '인생 노트'를 통해 자연스레 아버지의 옛날을 말하게 된 거다.

며칠 전 나는 그분이 머슴살이하던 칠십오 년 전, 주인댁 도련님으로 모시던 분에게서 소포를 받았다. 현재 서울에 사는 그 도련님과 자연스레 통화가 이루어졌다. 언제부터인가 그 도련님은 그 어르신과 호형호제하는 사이가 된 거다. 도련님이 내게 고맙다 인사한 이유는 무엇일까. 항상 아깝게 생각하던 어르신인데 그분의 인생 후반이 밝게 조명되었기 때문일까. 알고 보니 도련님은 지금 우리가 사는 이웃에서 지주로 살다가 서울로 옮겨가신 분이었다. 이렇게 인연의 고리가 이어짐에 놀란다.

어르신은 육이오 전쟁에 참전했다가 이등 상사로 살아와서 이 근동 예비군 소대장에 임명되었다. 무학(無學)인 예비역 이등 상사는 그 도련님을 서기로 임명하고 마을마다 까막눈을 피한 연락병을 두어, 백이십 명 예비군의 소대장을 무리 없이 해냈다는 것이다. 순전히 머리와 눈치코치로 해낸 소대장이었다. 호랑이 담배 피우던 시절의 이야기다.

어르신은 일제 말기에 가난에 찌든 집 맏아들로 태어나 열다섯에 해방을 맞았다. 학교 문턱도 못 가보고 열네 살부터 남의 집에 머슴으로 들어가 심부름이나 해 주면서 밥이나 얻어먹었다. 겨울이면 먼 산에서 나무를 해 오는데, 전날 밤 짚신을 미리 삼지 못하면 맨발로 뛰었다. 열여섯부터는 일 년에 세경으로 쌀 닷 말을 받았다. 바로 그 도련님의 집이었다. 육이오 전쟁이 발발하자 바로 영장을 받았다.

그는 그간 장리(長利)를 주어 불린 쌀로 서둘러 논 일곱 마지기 천사백 평을 사 놓고 입대했다. 스무 살이었다. 아버지는 이미 어릴 때 돌아가셨고 어머니도 입 하나를 덜기 위해 재가하여 모두 뿔뿔이 흩어져 살던 때였다. 살아올지 죽어올지 모르는 기약 없는 상황에서 그는 사과나무를 심고 떠난 것이다. 그가 '내일 세상이 멸망한다 해도 오늘 사과나무를 심겠다'라고 한 스피노자의 말을 알았을 리 없었겠지만 논을 사 놓고 떠난 것이다. 쌀이 현금과 같던 시절이었다. 논 한 마지기에 쌀 한 가마니였다. 비로드

치마 한 벌에 고작 보리쌀 두어 되 받던 때였다.

그때 전쟁에서 살아 돌아온 이가 몇이나 될까, 논산 훈련소가 생기기 전이라 제주훈련소에서 대충 훈련받고, 밀리고 있는 중부 전선에 투입되었다. 눈보라와 한파가 몰아치고 있는 가운데 피난민이 줄을 잇고 있던 때였다. 초연(硝煙)이 자욱하던 철원, 인제 양구 고지가 그분의 전장(戰場)이었다. 그가 죽지 않은 것은 아군의 맨 뒤에서 고사포를 쏘는 포병의 조수였기에 가능했을 것이다. 죽을 고비를 숱하게 넘기고 육 년 후 그는 이등 상사로 제대하여 고향으로 돌아올 수 있었다.

스물여섯이었다. 그해 십이월 고모의 중신으로 결혼했다. 논 일곱 마지기로 출발이 좋았다. 그러다 한창 아이들 키울 사십 대 중반에 상처(喪妻)했다. 막내가 세 살이었다. 해방되고 야학 십오 일을 다닌 게 학력의 전부인데 독학으로 모음 자음을 꿰맞추며 한글을 익혔다. 그리고 오십 대이던 1985년부터 지금껏 하루도 거르지 않고 일기를 써 왔다.

오늘 그분이 내게 점심을 사셨다. 그분을 추천해 주었던 마을 보건진료소장과 함께했다. 어르신은 당뇨 초기라 동네 진료소에서 필요한 약을 타신다. 소장이 주치의인 셈이다. 그분이 가방 속에서 조그만 병을 꺼내시길래 약인 줄 알았다. 약주를 약처럼 넣고 다니며 점심때 딱 한잔 하시는 모양이다.

그분이 술로 살던 때가 있었다. 칠순 잔치 끝나고 이년 후 재혼했던 부인이 세상을 뜨셨다. 두 번째 상처(喪妻)였다. 아이들도 다 장성하여 결혼하고 둘만 살다 닥친 불행이었다. 노후의 잔잔하던 행복이 포말처럼 사라졌다. 살아갈 이유도 없고 희망도 없었다. 두문불출하고 술로 연명하던 때, 동네 이장님은 그를 밖으로 끌어내기 위해 취로 사업장으로 안내했다. 이른 둘이었다. 그러면서 몇 군데를 거쳐 논산시의 복지회관에서 일하게 되었다. 여전히 우울하던 어느 날 어디선가 영혼을 울리는 소리가 들려왔다. 그 소리를 향해 찾아드니 농악 교실에서 들려오는 장구 소리였다. 다음날, 책임자에게 일단 아프다는 핑계를 대고, 장구를 배우기 시작했다. 그분 속의 신명이 되살아났다. 그 후 지금껏 십육 년째 상쇠 노릇을 하며 고전 무용도 배우고 건강 체조도 하고 스포츠댄스는 일주일에 삼 일을 배운다.

팔십구 세, 그의 인상은 에너지 넘쳐 보이는 가수 나훈O 타입이다. 매일 아침 여덟 시에 버스 타고 복지회관에 출근하는 이유가 따로 있었다. 그곳에 여자 친구가 있기 때문이었다. 하나 자제할 나이가 되어 삼 년 전 여자 친구와 결별했다. 우울증이 왔다. 살맛을 잃으면서 보건소의 정신과 선생님께 상담하러 다닐 지경에 이르렀다. 보건소에서 진료받던 어느 날 그곳 프로그램 중 지승(紙繩) 공예가 있는 것을 보았다. 눈빛이 확 달라졌다.

그 옛날 짚신 삼아 신던 실력이 있어 바로 바구니를 짤 수 있었다. 지끈을 얻어와 밤을 잊고 바구니를 짰다. 덕분에 잠을 되찾고 우울증에서도 벗어났다. 지금껏 만든 귀중품 보관함은 이미 삼백 개가 넘었다. 지끈을 자비(自費)로 인터넷에서 사들이는 게 아깝지 않다. 첫해 공예품 경연대회에서 입상했고 올봄 두 번째 출품했다. 그가 만든 작품은 딸 며느리를 비롯하여 모두 여성에게만 선물한다. 나도 그중 한 사람이다. 그가 읍사무소나 은행에 들어가면 여직원 팬들이 일제히 일어나 인사한단다.

그가 여자들 틈에 혼자 끼어 고전무용을 배웠다. 그가 가는 곳엔 여자들이 있다. 어제는 에스 동생이라는 동료 여성이 냉동실용 용기를 선물하면서 밥 보관법을 가르쳐 주었다나. 언제부터인가 전문 상쇠로 소문이 나서 시내 교회에서 장구를 가르치기도 한다. 몇 년 전 정읍에서 열린 민속경연대회에서 개인 특별상도 받은 바 있다.

나는 일곱 분의 '인생 노트'를 써서 신문에 상재했다. 압축된 자서전이다. 그들의 인생을 재조명하여 쓰면서 대하소설을 읽은 셈이다. 일곱 권이나 되는 남의 인생을 대리 체험했다고나 할까. 여든아홉부터 나와 동갑인 일흔여섯 여성 노인회장도 취재했다. 그녀는 '할매 기자단'이 되어 TV까지 출연하여 인기를 누렸다. 내가 취재한 일곱 분 모두 무학부터 초등학교를 겨우 마친 분들이었지만 인생의 태산준령을 넘어 낙원에 든 분들이다. 해방 후의 혼란과 한국전쟁을 겪으며 우여곡절과 세찬 파도를 이겨낸 세대들이다. 맨주먹과 지혜로 인생을 헤쳐 온 그런 분들의 인생 노트를 쓰면서 내 삶을 고생이라고 아우성쳤던 자신이 부끄럽다.

연세가 여든아홉인 상쇠 어르신은 오늘도 복지관에 나간다. 한창 스포츠 댄스 춤바람에 세월을 잊는 중이다.
흥이란 에너지이다, 살맛이다. 상쇠와 여자들, 신명이 노익장의 비결이 아닐까. 신나는 장밋빛 인생이다.

4부
시역피야 是亦彼也

어여쁜 소녀와 붕새

역설적인 삶

자아실현

정답 없다

말의 온도

침묵의 세계

어여쁜 소녀와 붕새

　중형 태풍 링링이 소용돌이치며 제주를 뒤흔들어 놓았다. 뒤이어 가거도를 강타하여 완공 직전의 방파제도 부숴 버렸다.
　오늘 국회에서는 법무부 장관 임명자의 청문회로 들끓고 있다. 그곳이야말로 링링 못지않은 강풍이 일었다. 목소리만 들어도 여당 의원인지 야당 의원인지 알 수 있다. 한편은 노도(怒濤) 같고 반대편은 편들어 주는 어머니 목소리다. 오늘 하루뿐인 청문회, 열 시에 시작해서 자정 무렵 끝냈지만 서로 간에 골만 더 깊어졌다. 끝나기 직전 장관 내정자의 부인을 검찰이 불구속으로 기소했다. 기소 법정 기한이 오늘 자정까지라나. 딸 입시 비리를 비롯한 주식 불법 거래 의혹이 먹구름이다. 청문회 마감은 태풍의 끝이 아니라 회오리의 시작이란 말일까.

다음 날 새벽, 링링(어여쁜 소녀)은 서해안으로 진입했다. 목포, 군산, 태안을 거쳐 열두 시경 서울을 지나 두 시 넘어 북한으로 상륙할 예정이란다. 예보는 공포 수준이지만 실제 사위는 고요하다. 태풍 전야란 말이 꼭 우리 정국 같다.

걱정되어 현관을 나와 사방을 둘러본다. 아직 아무런 조짐도 보이지 않는다. 지난밤 비가 조금 뿌렸을 뿐 바람도 비도 없다. 그러나 중심 기압 950hp의 세력이란 대단한 위력이다. 시속 45km, 풍속 30m/s로 서해안을 따라 달려오고 있다. TV는 태풍 실황방송을 계속하고 스마트폰에선 재난방지 경보가 수시로 울린다. 점점 낌새가 만만치 않다.

이번 여름에 직사광선을 피하려고 옥상 벽에 차광막을 설치하여 마당으로 내려 고정했다. 그 차광막이 휙 단숨에 옥상으로 날아 넘어갔다. 우리 내외는 동시에 옥상으로 내달렸다. 사방 20m의 차광막이 하늘로 솟아올라 펄럭이기 직전이다. 서 있을 수 없을 정도로 바람이 강해졌다. 9시 20분이었다. 여전히 비는 내리지 않았다.

온 힘을 다해 차광막의 끝을 잡아 말면서 깔고 앉아 옥상 벽에 기대었다. 남편도 방법이 없는지 다른 끝을 깔고 앉았다. 예상하지 못했던 상황이다. 2012년 볼라벤 때와 경로가 거의 같다. 그때도 이 비슷한 시각에 이곳을 통과했다. 그러나 당시는 비까지 겹쳐 우리 담장이 무너졌고 창고 지붕도 날아가 근처 논바닥에 처박혔다. 그날 우리 마을 딸기 하우스들은 거의 물이 찼고 비닐도 벗겨져 하늘을 날았다. 대통령이 이웃 동네를 시찰했고 군인들까지 동원되어 며칠간 우리 동네 시설을 복구했다. 그러나 이번엔 집마다 단속을 잘했다. 우리 집만 옥상에서 차광막이 솟구쳐 휘날린다면 우세스러운 일이다. 그것이 날아가 이웃 논에 떨어져 휘젓는다면 수확 직전의 나락이 다 뭉개질 것이다.

  다행히 비를 동반하지 않아서 우린 그냥 거기 옥상 벽에 기대앉아 태풍 링링이 지나가길 기다리기로 했다. 도저히 일어설 수 없는 바람의 위력으로 전신주들이 나를 향해 서서히 쓰러지는 느낌이다. 하늘이 빙빙 도는지 내 눈이 뱅뱅 도는지 분간이 안 간다. 아우성은 용과 호랑이가 맞붙어 으르렁대는 것과 다를 바 없다. 하늘엔 두꺼운 검은 구름이 빠르게 남에서 북으로 움직이고 있다. 슈퍼컴퓨터에서 태풍이 시계 반대 방향으로 도는 구름 모습을 실제 눈으로 확인하고 있는 셈이다. 구름의 속도가 정말 빠르게 달려간다. 파랗게 드러난 하늘 한쪽에 햇빛이 나타나는 것으로 보아 이곳은 현재 태풍의 눈 가장자리쯤 되나 보다.

옥상 벽에 기대 바람을 등지고 앉아 요동치는 우주를 실감하고 있다. 옥상에서 거센 태풍과 함께하다니, 평생 한 번 있을까 말까 한 일이다. 불현듯, 장자의 소요유(逍遙遊) 편 첫 장에 등장하는 붕새가 하늘을 덮은 느낌이 든다.

북명(北溟)에 물고기가 있다. 그 이름을 곤(鯤)이라 한다. 곤의 크기가 몇천 리인지, 알 수 없다. 변신하여 새가 되면 그 이름 붕(鵬)이라 한다. 붕의 등이, 몇천 리인지 알 수 없다. 분노하여 날아오르면, 그 날개, 하늘을 내리덮은, 구름 같다.

'장자 내편 소요유 편' 첫 문장,
고형렬 장자 에세이에서

별다른 조짐이 보이지 않던 조심스러운 정국이었다. 그러나 물밑에선 태풍 이상의 기류가 장관 내정자를 향해 회오리치고 있었다. 정치 문외한인 나도 분노했다. 그리고 무릎을 쳤다. 아, 그래서 붕새가 나타난 거다. 위용이 붕새와 다름없다.

시작은 저기압이다. 저기압이란 처음엔 우울로 시작해

서 다음 분노로 치닫다가 차츰 혼돈에 이르면 저항과 파란이다. 곤(鯤)은 저기압의 은유이며 실체가 아닐까. 기온이 높은 해수면에서 저기압으로 태동하여 수온이 상승할수록 에너지를 받아 열대성 저기압으로 변하면 태풍으로 탄생하고, 비를 동반한다. 그러나 링링은 그 이름처럼 예뻐 그런가, 비를 품지 않았다. 이변이다.

오늘만큼 하늘을 오래 살펴본 일이 없다. 그것도 태풍 속 옥상에서. 파란 하늘의 뭉게구름이 아닌 소용돌이치는 바람 따라 먹구름이 몰려가는, 검은 바다의 광기를 아슬아슬한 마음으로 바라본다. 장관이다. 하필 왜 이때 붕새가 생각났을까, 분노한 붕새는 무엇을 항변하려 하는가. 장자의 이 시(詩)는 무엇을 예언한 것일까. 좋은 일일까, 세상에 대한 절규일까. 이번과 같은 우리 정국(政局)을 은유함일까.

비를 동반하지 않았다 해서 그 피해가 적었던 것은 아니었다. 링링은 곧 서해안을 따라 북상하면서 전국을 거쳐 북한까지 크게 할퀴며 커다란 피해를 남기고 사라졌다. 볼라벤은 낡은 것은 다 가져갔지만, 링링은 잘 키워놓은 과수원에 들어가 수확 직전의 배와 사과와 감과 대추까지 쓸어갔다. 흔들리는 것은 다 떨어뜨리고 눕혔다.

남명의 해수면에서 떠오른 붕새는 이제 북으로, 북명으로 날아가 버렸다. 분노와 저항과 분열과 혼돈을 등에 태우고 멀리 아주 멀리멀리 가주길 바랄 뿐이다. 그 등에 시끄러운 정국의 문제도 함께 태우고. (2019 그날)

역설적인 삶

누가 가난한 사람을 행복하다 할 수 있을까. 예수께서는 우는 사람, 슬퍼하는 사람 그리고 의로움에 주리고 목마른 사람, 의로움 때문에 박해를 받는 사람까지도 행복하다고 말씀하신다. 참으로 어리숙해 보이고 미련해 보이며, 답답할 정도이다. 세상의 가치 기준을 뒤집었다. 순순히 십자가형까지도 받았다. 모순이라든가 이율배반(二律背反) 또는 상극이 공존하는 게 우리네 삶의 현장이긴 하나, 예수는 왜 역설적 삶을 부르짖는 것일까.

《장자》내편 덕충부에서 장자도 상상 초월의 인간상을 진인(眞人)이라 말하고 있다. 올형(兀刑)을 받고 뒤꿈치가 잘린 절름발이가 되어 업신여김을 당하거나 조롱받을 수밖에 없는 불구자를, 공자가 따라갈 수 없는 덕이 충만한 진인(眞人)으로 그린다. 거기다 혹이 달려 추하기 짝이 없는 제나라 사람 '애타타' 같은, 실존 인물이 아닌 가상의 인물도 덕충부의 중심인물로 세운다.

이천삼백 년 전 중국 송나라 사람 장자(BC 369~286년)는 공자(BC551~479년) 이후에 태어나 중국의 전국시대를 살다 간 거의 동시대의 현자이다. 그는 한때 옻나무를 관리하는 하급 관리였다. 식구를 굶기기 일쑤였으나 초나라 대부가 찾아와 나라를 다스려 달라고 부탁했을 만큼 현자였다. 그는 거절했다. 그것은 전후좌우를 예측할 수 없는 전국시대에 불 속으로 뛰어드는 일이란 걸 모를 리 없었다. 누렇게 뜨고 누더기를 걸치고 우거에서 살았지만, 소요유(逍遙遊)를 누리며 유유자적하고자 했다. 누구나 탐내던 재상 자리였으나 귀재였으며 현자였던 그가 받아들일 리 없었다. 그는 "비단으로 두른 뒤 상자에 넣어져 묘당에 모셔지는 거북이가 좋겠소, 아니면 진흙 속에서 꼬리를 치며 살아가는 거북이가 좋겠소?" 하면서 자연 속의 은자(隱者)로 자족했다.

장자는 수많은 제자를 거느리고 중국 천하를 주유하면서 뜻이 맞는 군주를 찾아 정치적 기회를 노리던 공자를 비판했다. 우리는 공자야말로 그 시대의 학자요, 교육자이며 작가이며 시인으로 추앙받는 스승으로 지금껏 알고 있지 않은가.

장자는 《장자》 내편 덕충부에서 올자(뒤꿈치가 없는 사람)인 왕태, 신도가, 숙산무지들을 등장시킨다. 올자(兀子)란 중국 고대(古代) 때, 발을 베는 형벌을 받은 자이다. 이 벌을 면하려면 오백 환이 필요했다. 사마천이 받은 궁형(宮刑, 불알을 까는 형)을 면하려면 육백 환이 필요했다. 노나라 사람 절반이 따른다는 왕태(王駘)는 그 올형을 받은 올자 즉 절름발이였다. 사마천도 궁형을 받아들였지만 왕태도 형벌을 거부하지 않았다. 제자가 많았던 그가 마음만 먹으면 면죄의 비용을 마련할 수 있었을 것이다. 그가 인명사전에 나오지 않는 가공인물이지만 실존인물보다 더 실존적이다. 인명사전에 오르지 않은 숨은 현자나 선인(仙人)은 얼마든지 존재할 수 있기 때문이다

장자는 절대자(군주)나 겉만 번지르르한 현자를 최종의 인간형으로 두지 않았다. 진인은 욕망을 거부하는 도풍(道風)으로 노니는 말 없는 사람들이다. 장자가 진인으로 보는 그들은 장자 속의 다른 장자 자신일 것이다. 그는 겉모양보다 속에 지닌 재질이나 덕이 더 중요하다는 것을 안 사람이다. 왜 장자는 공자보다 올자나 애타타 같은 추한 인물을 진인이라 일컬었을까. 다리병신에다 절대 추남

(醜男)에서 내면의 참을 본 것이다. 장자의 덕충부는 인간이 잃은 존귀한 그 무엇을 중시하며 그것을 찾고자 한 장자의 사상이다. 그가 진인으로 그린 그들은 사람의 모습을 한 신인(神人)이지만, 그 신은 전능한 신이 아니었다. 그 무엇도 잘하지 못하지만 믿음이 가고 덕이 충만한 말이 없는 자들이었다. 내면엔 덕이 가득 차도 겉모습은 어눌하기 짝이 없었다.

  장자가 말하는 이상적 인간은, 문명의 이매(도깨비)가 되느니 자연 속에서 거센 바람과 싸우며, 우주적 상상과 접하고 신인의 꿈과 고독을 즐기는 인간이었다. 내편 덕충부에서 올자인 왕태는 순수함과 유(遊 : 놀 유)를 따랐던 아버지 같은 인물이다. 신도가나 업신여김을 당하는 숙산무지를 등장시키고 추남인 애타타를 아름답게 묘사한 것은 똑똑한 인물이 넘치지만, 덕은 없고 믿음도 보이지 않는 난세였기 때문일 것이다. 그가 진정 바라던 진인이 바로 올자들과 추남 애타타였던 것은 역시 겉모양과 신분은 무의미한 것으로 여겼기 때문이다. 예수께서 제자로 택하신 사람들도 당대에 무식하며 가난하던 하층계급의 어부들이었다. 예수는 그들에게서 그들 속에 숨긴 참을 보셨을 것이다. 장자와 상통하는 부분이다.

  톨스토이는 『바보 이반』을 통해 진인을 보여 준다. 톨스토이는 57세에 이 단편을 발표했다. 그가 참회록을 발표한 이후의 작품이다. 내가 참 좋아하는 이반은 예수나 장자나 톨스토이가 보기에 진인일 테지만 그의 친형들까지도 그를 바보로 취급한 어눌하기 짝이 없는 농부였다.

악마는 바르게 사는 이반을 무너뜨릴 작전을 편다. 세 악마의 작전으로 군인이던 맏형이 전쟁에서 지고 왕의 미움을 사서 쫓겨 온다. 고향 집으로 들어와 자기 몫의 재산을 가지고 나갔다. 상인인 둘째 형도 사업이 망해 자기 몫의 재산을 다 가지고 나갔으나 망했다. 마지막으로 악마는 이반을 공략하지만 도리어 붙잡혀 죽을 지경에 이른다. 세 악마는 이반에게 어떤 병도 고칠 수 있는 약초를 준다. 원하는 것을 얻을 수 있는 능력도 준다. 그 덕에 형들을 다시 회복시키고, 자신은 병든 공주에게 약초를 내어줌으로써 왕의 사위가 되고 끝내 그 나라 왕이 된다. 왕이 필요 없는 나라 즉 정치가 필요 없는 태평한 나라가 된다. 이것은 한 편의 동화지만 우리에게 시사하는 바가 큰 우화 속의 참이다.

톨스토이가 이천여 년 전의 장자를 알았을 리도 없었을 터인데 그는 바보 이반을 진인으로, 장자는 형벌로 뒤꿈치가 잘린 절뚝발이나 혹이 달려 흉하기 그지없는 사람들을 진인으로 쓰고 있다. 장자는 그리스도를 알 수 없었던 시대의 인물이었다. 톨스토이는 참회록을 쓴 후 그리스도를 받아들였다. 그럼으로써 바보 이반을 통해 역설적 삶을 부르짖고 있는 게 아닐까.

　세상의 가치 기준을 초월한 이들에게 겉모양과 신분은 무의미하다. 뒤집어야 속에 답이 숨어있다. 극과 극은 통한다. 패러독스다. 그래서 가난한 사람은 행복한 것이다. 분명 지금 울고 있는 사람은 그 안에 이미 기쁨이 싹트고 있을 것이다. 역설이 답이다.

자아실현

사람들은 대부분 앞만 보고 달려왔다고 말한다.

의식주와 보금자리와 행복을 위해서, 더 나아가 '자존감'을 높이기 위해서였을 것이다. 자존감이란 내 존재의 지킴이요, 잎이고 뿌리이며, 기둥이 되기 때문이다. 나이 불문하고 자존감의 손상은 수치심으로 드러난다. 자존감의 상실은 생명의 손상인 셈이다.

이웃에 오래 앓아 누웠던 망구 노인이 계셨다. 오십 대 여자 요양사가 일주일에 두세 차례 그분을 돌보러 드나들었다. 그 여자가 오는 날엔 환자의 화색이 달라졌다. 그를 목욕시키는 날은 갖은 심술을 부렸다. 팔순의 부인이 도저히 감당할 수 없어 요양사의 손을 빌리고자 했지만, 그 여자 앞에서 옷을 절대 벗지 않으려 포악을 떨었다. 자신의 초라하고 추한 노구를 보이고 싶지 않았던 것이다.

우리 손자는 지금은 다 커서 유학생이 되었는데 어릴 때 말이 늦었다. 거기다 어린애 변기에서 용변을 못 보고 엄마와 화장실 바닥에 신문지를 깔고서야 변을 볼 수 있었다. 그러나 제 아빠와 이 할미에겐 변기에서 보았다고 말한다. "엄마, 왜 난 변기에선 변을 못 보지?" 자신의 딱함을 알 정도로 영특했음에도 세 살이 가도록 그랬다.

서너 살짜리가 제 아빠에게까지 자신의 못난 모습을 보이고 싶지 않은 것, 창피를 아는 것, 자신의 격을 떨어뜨리고 싶지 않은 그 욕구가 바로 자신을 지키려 하는 자존감 때문이리라. 또한, 아무리 고령에 치매까지 왔다 해도 본능적으로 수치를 견디기 어려운 게 자존감 때문이다.

미국의 심리학자 에이브러햄 헤럴드 메슬로우(1908~1970)에 의하면 인간의 자존감에 대한 욕구는 상위 욕구로 제4단계에 속한다고 했다. 수신(修身)하고 수심(修心)하여 타인의 존경을 받고자 힘씀이다. 실수하지 않고 약속을 지키며, 열심히 일하고 배워나감은 자신을 스스로 성장시키고 지켜나가려 하는 욕구가 있기 때문이다. 이것은 바로 제5단계인 자아실현의 욕구로 이어진다.

꿈을 꾸고 산다는 것, 고통과 역경을 인내하며 앞으로

나아가려 하는 건 자존감 내지는 자아실현의 욕구가 있기 때문이다. 자아실현의 범위는 누구나 똑같을 수 없다. 농촌 이웃의 모습을 보면 허리가 꼬부라져도, 무릎 수술을 받으면서도, 일할 수 있는 동안 자기의 일은 물론이고 일당을 받는 남의 일도 마다하지 않는다. 그분들의 자존감은 우선 자식에게 매여 있다. 자식들이 남부럽지 않게 사는 것이 자신의 보람이요 꿈이다. 자식이 그럴듯하게 살게 되면 자신의 자아실현을 성취한 셈이라고 생각한다. 그들이 비록 책 한 권 읽지 못하고 살지만, 모성이야말로 누구와도 견줄 수 없다. 숭고하다. 자식이 남에게 손 벌리지 않고 비난받지 않으며 잘난 모습으로 사는 게 그들의 자존감을 살리는 일이다.

그것은 자기가 부모에게 받아보지 못한 것, 자신이 받고 싶었던 것들을 자식에게 남겨 주고 싶은 심리다. 이것이 바로 성경에서 말하는, 성경의 핵심이라는, '사랑의 황금률'이다. **'너희가 남에게 바라는 그대로 너희도 남에게 해 주어라.'** 다시 말해 내가 받고 싶었던 것을 그대로 해 주라는 거다.

모성의 위대함이다. 훗날 하늘은 자아실현을 위해 동분서주했던 식자(識者)보다 그 모성의 가없음에 후한 점수를 주실 것 같다. 비록 그 사랑이 이타적이 아니었다 해도 자식과 그 주변에만 한정되었을지라도 그들은 꿈을 이룬 셈이다. 남을 위해 공헌한 공적이나 명예를 얻은 바 없다지만 한 인간으로서 성실히 살았다는 점만으로도 자아를 실현했다고 본다.

자아실현의 욕구는 학력과 비례할 수도 있고, 그렇지 않은 경우도 많다. 혹자는 세월을 다 놓친 노년에 들어서도 자신의 성장을 위하여 대학 혹은 대학원에 진학한다. 도서관을 다니고 어린 시절의 꿈을 위해, 어떤 이는 이젤을 마련하고 데생부터 시작하는 평생교육프로그램에 참여한다. 그 옛날 문예반 출신이었거나 글을 쓰고 싶던 이는 못다 한 문학에 도전한다. 음악에 소질이 있었던 이는 바이엘 교본부터 시작하거나 좋아하는 악기에 도전 또는 노래 교실이라도 찾아다닌다. 여고 시절 발레반이던 친구들은 무용에 도전한다. 사실은 늦었지만, 늦었다고 생각할 때가 제일 빠른, 때란 말로 위안 삼으며 나도 오십 전후로 도서관을 드나들었다.

최상위 단계라 말하는 자아실현도 먼 길임이 틀림없지만 난 그것에 매이지 않는다. 자아실현을 뛰어넘어 영성적 욕구를 갈망하며 살아왔다. 옆에서 웃거나 말거나 높은 곳을 응시하게 된다.

영성적 욕구의 첫 단계는, 우선 생활을 단순화시킴이

아닐까. 나이 들면서 시골로 내려와 농사지으며 자연히 집을 줄이고 승용차도 소형으로 바꾸었다. 이러한 소비를 절제하는 등 가지치기는 비교적 어렵지 않은 일이었다. 하지만 마음을 내려놓고 쓸데없는 것이 꽉 찬 마음의 저장고를 비우면서 선하고 순하고 자비로운 것으로 채워 나가고자 하는 여정은 쉬울 리 없다. 어려서부터 싹을 자르지 못한 것들을 이제 와 끊으려 함은 어려운 일이다. 지금이야 무엇을 시샘할까만, 남을 질투함은 나를 지배하던 최악의 심성이었다. 껍질을 벗고 허물을 벗어내야 할 터인데….

자존감이란 때론 보호막일 것이다. 자신의 격을 숨기는 일일지도 모른다. 호두껍질처럼 단단한 마음을 깨고 나면 진정 호두 살 같은 알짜배기가 실하게 차 있을까, 아니면 빈 탕일까. 심히 우려된다. 껍질 깨기는 우선 마음을 열어 살피는 게 순서일 것이다. 온갖 사념이 출구를 쉽게 열어주지 않는다. 마음을 열게 하는 것도 마음이요, 마음을 매어 놓는 것도 마음이다. 마음, 내 자아다. 젊은 시절 나는 나이 들면 어렵지 않게 선하고 순하며 자비로운 인성으로 변할 줄 알았다. 대단한 착각이었고 어리석음이었다는 걸 나이 들면서 절감한다.

오십 대에 간절한 마음으로 영성 수련을 받은 일이 있

다. 그때, 나를 지도해 주던 교우와 십 년 후에 만나기로 약속했다. 십 년을 앞둔 어느 날 비행기까지 타고 와 그녀를 만났다. 육십이었다. 그녀는 매일 성당에서 살다시피 예비 신자를 교육하며 세례를 준비해 주는 봉사를 맡고 있었다. 시모와 남편도 기도가 삶의 한 부분인 집안이었다. 하느님은 끝내 그녀에게 자식을 안겨주지 않으셨지만, 고부 사이는 부러울 정도로 신실해졌다. 공자께선 지천명에 하늘의 뜻을 알고, 이순에 귀가 순해지셨는지 몰라도, 보통의 사람들에게 욕심이 수그러들고 욕망이 잠자는 나이는 아니었다. 그녀와 다시 십 년을 약속했지만 칠십 중반이 넘도록 헤매며 아직 못 만나고 있다.

나는 얼마나 껍질을 깼을까. 지금 어느 누가 내 자존심을 심히 건드린다면 나는 어떻게 나올까. 세상이 시간대로 아니 분초로 변하고 있다지만, 변하기 어려운 게 있으니 모성 본능과 인간의 본능이 아닐까. 실은 변하지 않는 게 무엇이 있겠는가.

선하고 순하고 자비롭게 되기를 나는 끊임없이 청하고 찾고 두드릴 것이다.

정답 없다

_시역피야(是亦彼也)[5]

그해 5월 어느 날부터 사지선다형 객관식 시험에 익숙해져야 했다. 1961년 5·16이 나던 해에 나는 고3이었다. 갑자기 대학 입시시험과목에 변동이 생기고 모든 문제가 사지선다형으로 바뀌었다. 그 바람에 우린 혼란스러울 수밖에 없었다. 당시 대학 4년생들은 국가 졸업시험인 학사고시에 합격해야 졸업할 수 있게 되었고, 고3 학생들은 제1회 국가고사로 대학 입학시험을 전에 없던 사지 선다형 객관식으로 치르게 된 것이다. 아예 지원 학과까지 정하고 한날한시에 대학 입학 학력고사를 보았다. 그 다음 신문에 합격자를 발표했다. 우리는 여관에서 하루 묵어야

---

5) 시역피야 : 장자 내편 제물론 중에서, 이것 역시 저것이다.

했다. 시험문제가 모두 사지선다형으로 바뀌었으므로 수학 시험도 마찬가지였는데, 시험지 뒷면에 문제를 풀어 답을 구한 증거가 있어야 했다. 영어도 문제와 예제가 영문으로 나왔다. 사지선다형 문제는 정답에 트릭이 낄 수도 있고 정답과 아리송한 문항이 혼재한다. 물론 근사치에 가까운 답이라도 하나만 정답이 되어야 한다.

유명한 무즙 사건이 있었다. 어느 유명 중학교 입학시험 문제에, 엿을 만들려면 곡물에 엿기름을 써야 하는데 엿기름 대신으로 ①디아스타제 ②무즙, 이 둘 중에서 하나를 고르는 문제였다. 디아스타제를 정답으로 처리하자 28명이 그 문제로 낙방했다. 학부모들이 무즙으로 엿을 만들어 들이대자 무즙도 정답으로 처리하여 억울했던 학생들이 구제되었다.

디아스타제는 다당체(多糖体)인 전분을 분해하여 단당으로 만드는 역할을 하는 소화효소이다. 그러나 무즙에도 디아스타제가 들어있어 엿기름의 역할을 할 수 있는 것이다. 이것이 객관식 출제라 생긴 일이지만 만일 주관식 출제였다면 엿을 만들려면 엿기름, 디아스타제, 무즙 다 답이 될 수 있다. 디아스타제야 단일 효소 제재로 대게 제약회사에서 소화제를 만들 때나 쓰지, 사실 엿을 만들 땐 쌀이나 옥수수, 수수 조 등의 밥을 엿기름으로 삭혀야

엿의 맛이 제대로 난다. 무즙에도 디아스타제가 들어있어 엿이 되긴 하지만 무 냄새가 날 것이다. 실은 침 속에도 프티알린이란 효소가 있어 전분을 분해한다. 어쩌면 엿기름보다 더 맛 좋은 엿을 만들고 역가(力價)가 높은 슈퍼 전분 분해 물질이 이 지상 어딘가에 또 있을 수도 있다. 그래서 시험엔 정해진 답을 정해 놓기 마련이다.

살다 보면 선택의 기로에 서게 되는 인생사를 생각할 때, 사지 선다형 시험문제와 인생은 통할지 모른다는 생각을 해본다. 인생길에는 툭하면 두, 세 갈래의 길이 나타난다. 어느 길로 가야 할까, 가보아야 가시밭길일지 또는 엉뚱한 길일지 알 수 있지만 일단 한 길을 선택해야 한다. 물론 지혜라는 인생 내비게이터라든가 주변의 충고가 나침반 역할을 할 수도 있다. 그러나 멋모르고 엉뚱한 길에 들어 헤매느라 인생이 꼬일 수도 있고 가시밭길을 헤쳐가느라 고생을 할 수도 있다. 시험지가 아닌 이상 엉뚱한 길이 최후엔 대박으로 통할 수도 있으니 어찌 인생에 정답이 있겠는가. 꿈보다 해몽이라 했듯이 인생도 해석하기 나름인 것을.

시역피야(是亦彼也), 세상일은 다 이것만 옳고 저것은

틀렸다가 아니다. 상대적인 것이다. 그것도 모르고 하나의 모범 답안에 꽂혀 그것이 아니면 절대 안 된다고 고집하며 여기까지 왔다. 언제나 심사숙고하여 선택했다지만 기실 내 뜻대로 내 맘대로 된 결과도 얻어내지 못했다.

그 유명한 솔로몬의 재판은 대표적인 지혜의 판결이었다. 솔로몬의 지혜를 생각하면 세상사엔 지혜만이 최적의 답을 낼 수 있다. 그러나 생활면에선 안방에 들어가면 시어머니 말이 옳다. 부엌에 가면 며느리 말도 분명 옳다. 과연 그렇다. 나이 들어 보니 영락없는 진리이다. 인생길을 찾기 위해 철학관을 찾는다고 하자. 그것도 이현령(耳懸鈴) 비현령(鼻懸鈴)으로 귀에 걸면 귀걸이 코에 걸면 코걸이가 되는 게 인생사 아니겠는가.

입에 붙은 말 중에 '틀렸다'란 말을 예전엔 곧잘 썼는데 지금은 의식적으로 '다르다'란 말로 고쳐 쓰고 있다. 틀린 것은 없는 것이다. 입장이나 상황이 다를 뿐이니 해석이 필요하다. 내 쪽에서 보면 옳고 저쪽에서 보면 그른 것이 아니고 뒤집어 생각해 보아야 한다. 상대적이다. 시역피야(是亦彼也)다.

사과 1개+사과 1개=사과 2개. 정답일까, 사과 하나에 사과 하나를 더하면 분명 두 개다. 그러나 그것은 개수를 전제로 하는 상대적인 값이다. 남편+아내=2가 맞을까. 거기 아이들이 생겨 셋도 되고 넷도 된다.

1917년생인 아버지가 대학에 들어갈 때, 시험문제엔 '하나가 둘보다 큰 것에 대해 논하라'란 논술 문제를 받았다고 하셨다. 내가 대입 시험을 치렀을 당시 하신 말씀이었다. 아버지가 어떻게 썼다는 말씀은 안 하셨지만, 그 대학에 합격하고 졸업을 하셨으니 그 나름 그럴듯하게 쓰시긴 했을 것이다.

고교 시절 우리는 그런 걸 괴변이라거나 개똥철학이라 말하며 하찮게 여겼다. 어린 시절 우리는 너무 꼭 끼는 틀에 맞게만 배워 왔기 때문일 것이다. 나이는 식견을 넓혀주고 마음도 넓혀준다고나 할까. 어떻게 보느냐, 생각하느냐에 따라, 답도 여유롭기 때문이다. 때론 뒤집어도 답이 나올 때가 있으니 말이다.

뉴턴의 만유인력의 법칙에서도 완전 백 프로 정답을 구할 수 있는 건 아니며, 아인슈타인의 상대성 원리도 수정이 필요했다. 특수 상대성 이론의 공식이 생겨났다. 천체 물리학자 호킹 박사의 빅뱅 이론도 그 자신 스스로 수정을 가했다고 했다.

사랑과 신뢰를 밑에 깔고 사는 부부도 언쟁이 붙으면 치열한 공방전을 벌인다. 남이 보면 유치찬란한 문제로 시작했다가 갈라서기까지 한다. 두 사람은 각자 자신의 말만 옳다고 우긴다. 여당, 야당 둘 다 애국심을 기저에 깔고 있지만, 자기주장만 옳다는 것과 진배없다. 실은 그들의 주장에 틀린 것은 없는데, 합의점을 못 찾고 있으니 문제다. 그래서 다수결의 원칙을 세웠지만, 승복이 쉬운 것도 아니다.

분명 1+1=2도 맞고 1+1≠2도 맞다. 사랑에 정답이 없듯이 인생에 정답은 더더구나 없다. 모든 이의 삶이 백인백색인 건 유전자가 모두 다르기에 각자 다른 길을 가는 것이다. 거기다 환경이 다르고 시각도 다르기 때문이다. 자연법칙이나 원리도 전제 조건에 따라 다른 것이다.

그럼 과연 인생에 정답이 없을까. 한 치의 오차도 없이 수 억겁 운행되는 우주 천체를 볼 때, 분명코 길이 정해져 있음을 본다. 그곳에 원칙이 존재하지 않을 수 없는 것이다. 하물며 인간에게 도리(道理)가 없을 건가. 하늘엔 수천 개의 눈이 있고 하늘엔 천망이 깔려있어 오답자(誤答者(?))를 걸러 내니 말이다.

사지선다형 길에서 수정에 수정을 가한 자신의 길을 간다고 하지만 어느 누가 어느 때 하늘의 천망에 걸린 일이 없을까나.

말의 온도

'남은 내 말하고, 나는 남 말하고'

프란체스코 교황님은 취임하시면서 열 가지 부탁을 하셨는데 첫 번째가 "험담하지 마십시오(Don't gossip)"였습니다. 말이란 '아' 다르고 '어' 다르다 했듯이 말에도 온도가 있어 같은 상황이라도 화자의 내심의 온도에 달라지기 때문입니다. 험담이란 남을 헐뜯는 뉘앙스가 있어 온도로 따지면 체온 이하입니다. 험담 속엔 비난도 가시도 허풍도 있습니다. 험담은 이 입 저 입을 거치는 동안 날개를 달고 날아다니다 당사자의 귀에 들어가게 되어 있습니다. 뒤 끝은 뻔합니다. 그러다 보니 마을 회관처럼 사람이 많이 모이는 곳에선 탈이 나곤 합니다.

말에는 함정이 있기 마련입니다. 때론 진창이 되고 수

령이 될 수 있습니다. 말은 인격 자체라 할 수 있는 데, 생각 없이 옆집의 아픈 이야기나 제삼자의 말을 합니다. 할 일 없이 무료한 시간에 무심히 하는 말이었지만 폭탄만큼 위험천만입니다. '옥에 티는 갈아버리면 없어지지만 한번 나온 말은 날아가서 어딘가에 박힙니다.'

오죽하면 지난여름 대한노인회 지부에서 경로당마다 강사를 파견하였고, 우리 마을도 노인들의 '말다툼'에 대한 교육을 받았습니다. 뒷담화나 이런저런 일로 인해 일부 경로당의 분위기가 살벌해졌다는 것입니다. 타인에게만 엄격하고 자신에게는 한없이 관대해진다는 늙음은 누구에게나 오는 것입니다. 그러나 '늙은이'가 되지 말고 '어르신'이 되려면 자신에게도 엄격해야 할 것입니다. '늙을수록 입은 닫고, 지갑은 열라는 말'은 어르신의 덕목이기도 합니다.

동창 모임에 가면 그날 나오지 않은 친구가 안줏거리가 됩니다. 사정이 있어 먼저 자리를 뜨려 해도 찍힐 염려로 먼저 자리를 뜨지 못합니다. 둘만의 대화여도 어지간한 사이가 아니면 자신의 속 이야기는 빼고 겉 이야기만 나눕니다. 상대방은 이미 그의 속사정을 다른 이를 통해 들은 바 있습니다.

유일하게 하고픈 자신의 이야기는 자랑거리입니다. 근

간에 손주를 본 초짜 할매들은 손주 자랑하고 싶어 입이 근질거립니다. 어느 모임에선 손주 자랑을 하려면 돈을 내고 한답니다. 자랑할 때 그 온도가 봄날 같지만 사실 듣는 사람은 그저 그렇습니다. 다 함께 살가운 온도가 되려면 한턱을 써야 화자(話者)나 청자(聽者)가 화기애애합니다.

아무래도 자기 자랑을 하는 사람을 곱게 보지 않는 정서라 차라리 남의 험담이 듣기 좋은 게 인간의 속성입니다. 좀 좋은 마음으로 남의 기분을 살려주면 얼마나 좋겠습니까. 좋은 일 같이 기뻐하고 슬픈 일도 함께 나눌 수 있다면 얼마나 바람직하겠습니까. 그리고 보면 동고동락(同苦同樂)이란 끼리끼리 만의 잔칫거리입니다.

타인의 칭찬거리가 씁쓸하고 남의 행복거리는 껄끄러워하면서 어떻게 동고동락을 합니까. 자랑거리가 생기면 잔치를 베풀고 나서 기쁨을 나누는 게 바로 그 연유입니다. 사실 기쁨은 나누면 배가 되고 슬픔은 나누면 반으로 준다고 했으나 기쁨 슬픔, 결국 나 혼자의 몫입니다.

논산시의 캐치프레이즈는 '동고동락'입니다. 시(市) '백세건강과'에서는 행복경로당 공동체로 작은 천국을 만들자는 기막힌 취지였습니다. 일단 지난해 15개 경로당에서 밥하는 직원까지 지원하면서 실시했으나 2019년엔 예산이 나오지 않았습니다. 예산도 문제지만 공동생활이 서툴고 주머니가 두툼한 노인들조차 공짜 심리가 만연한 게 문제입니다. 고령으로 갈수록 이해심이 부족하여 조금도 양보를 하려 들지 않습니다. 약자가 된 동네의 최고령자 그룹은 오히려 경로당에 덜 나옵니다. 그곳에서조차 목소리가 큰 자의 횡포가 그들을 소외시킵니다. 자손들이 두 손 가득 간식거리라도 들고 자주 찾아 주는 분의 기세가 제일 등등합니다.

어찌 보면 신문도 다 남의 말이요, 소설이나 시는 내 이야기도 남의 이야기처럼 숨깁니다. 방송도 다 남의 이야기뿐입니다. 남의 특별한 이야기란 실화로서 소설보다도 더 흥미가 있기 때문입니다. 세상사의 궁금증, 선한 이야기보다 별난 이야기에 쾌감을 느낍니다.

문학 중에서도 수필만이 자기 이야기입니다. 내 삶이나 내 생각이 소재입니다. 삶의 힘겨움 같은 묵직한 사연을 깊숙한 저장고에 꽁꽁 눌러 놓았던 것을 쏟아냅니다. 수면 위로 떠 오른 아픔이 재구성되어 수필 한 편이 태어나면 그 일은 정리 정돈되고 아울러 객관적으로 해석을 하고 나면 자신의 진정한 경험이 되고 역사가 됩니다. 때론 소중한 추억으로 환원되기도 합니다. 아픔은 승화되어 보석이 되고 고통을 견뎌낸 인내야말로 무쇠를 녹이는 담금질이 됩니다. 그 결정체가 마음의 보물창고를 채웁니다.

　나는 고뇌의 승화를 영혼의 스케일링이라 말합니다. 고백은 성사(聖事)입니다. 영혼의 씻김이고 나와의 화해이고 자신과 상대를 용서하는 일입니다. 사실 누구라도 내 아픔을 동네방네 떠들어 댈 수도 없는 일입니다. 가슴 속에 응어리로 자리 잡지만 그것을 치유할 수 있는 사람도 본인 뿐입니다. 바로 내가 나를 이해하고 보듬는데 수필만 한 게 없어 보입니다. 때론 털어놓기만 해도 가벼워지는 이치입니다. 말로 털어내지 못했던 아픔이 글이 되고 나면 고통은 갈고닦는 과정에서 연금술로 변합니다.

　젊었던 시절 나는 남편에게 가시 돋친 말이나 비난성 말도 곧잘 했습니다. 그의 무례를 가슴에 꿍쳐 두고 있었기 때문입니다. 빙점 이하의 말들, 꼬집고 나면 무언가 시원해져야 하는데 절대 후련해지지 않습니다. 그에게 얼음물을 끼얹었으니 상황은 급랭으로 변하고 상처는 더욱 악화합니다. 앙금의 두께가 두꺼워집니다.

　수필집 두 권을 내고 나니 체증이고 앙금이고, 속 쓰리던 마음이고 다 증발하여 마음이 넓어졌다고나 할까, 편안해졌다고나 할까. 연금술적 화학변화였습니다. 글 역시 차지도 뜨겁지도 않은 따뜻한 온도에서 써야 합니다. 한이 서린 어름 같은 글에선 발효되지 않은 날 것의 비릿한

냄새가 납니다. 거기다 사회문제가 되는 악성 댓글은 독입니다. 말이야말로 상온(常溫)보다 조금 높은 다정한 온도에서는, 바른말이 나오고 긍정의 말이 나오고 칭찬의 말과 진실한 말이 나옵니다. 그거 돈 한 푼 안 드는 상대방에 대한 언사시(言辭施)입니다.

우리 영혼에 흐르는 전파엔 에너지가 있습니다. 말은 불씨가 되기도 합니다. 인생행로를 다 태울 수 있습니다. 내가 남의 험담을 하거나 뒷담화를 떠든다면 상호 간의 관계에 사이가 벌어지고 문제가 생깁니다. 상대가 못 보는 행동이었지만 상대의 영혼은 알아차립니다. 영혼엔 레이더가 있기 때문입니다. 글이 다듬을수록 좋은 글이 되듯 말은 체에서 걸러 낼수록 고운 말이 되어 다시 내게 돌아올 것입니다. 동고동락 사업, 우선 언사시(言辭施)로 성공할 수 있지 않을까요?

말, 말은 말을 가지고 있습니다. 내가 뿌린 말들, 천량이 되어 되돌아오기도 하고 악성 종양처럼 번져 나를 파먹어 들어가기도 합니다. 말, 듣기는 빨리하고 말하기는 늦게 하라고 성서는 가르칩니다. 말은 나 자신입니다.

그러고 보면 말의 온도의 범위는 영하 백도에서 영상 천도는 되지 싶습니다. 혀는 지옥불보다 더 뜨거울 수도 있다니 말입니다.

침묵의 세계

침묵은 침묵이 아니다. 침묵은 강한 언어이며 메시지이다. 침묵은 긍정이며, 부정이기도 하다. 침묵은 작전이다. 농담 속에 진담이 숨었듯 침묵 속에는 얼마나 많은 실체가, 신이 숨겨놓은 수수께끼가 들어있는가. 이 보이지 않는 침묵의 세계를 들여다본다.

1. 심안(心眼)의 세계

현미경이나 망원경으로도 볼 수 없고 귀로 열리지 않는 침묵의 세계를 생각해 본다. 이 보이지 않는 볼 수 없는 세계를 보려면 생각이나 생활방식을 내면으로 향해야 한다. 보통 깨어있는 베타 상태의 뇌파에서는 절대 보이지 않는다. 심신이 아주 편안한 알파 상태를 넘어 이완이 깊어진 세타파의, 무의식중 명상이나 기도 가운데, 제3의 눈이 열려야 그 세계에 진입할 수 있다. 현실 세계를 초월하여 그 속에 숨은 본질, 시공을 넘나드는 정신이라든가 마음을 따라가 보아야 한다. 가장 중요한 건 보이지 않는다고 '어린 왕자'를 통해 생텍쥐페리는 말한다. 그것은 환시라든가 영(靈)의 세계, 깊은 영적 침잠으로 신의 세계와 교통한다. 성서가 신의 계시로 쓰였다는 건 누구나 아는 일이다. 인간을 초월하는, 인간에게 보이지 않는 세계, 침묵의 세계가 보낸 메시지이었을 것이다.

보이지 않는다고 존재하지 않는 게 아니듯, 보인다고 다 존재하는 것도 아니다. 우리 눈으로 현재 볼 수 있는 별도 실재는 이미 신화시대에 사라진 뒤라는 것을 생각해 본다. 눈과 귀로는 열리지 않는 세계, 마음으로 영으로만 들어갈 수 있는 세계, 보이지 않는 손이 받아주고 안아 주며 내쳐 버리기도 하는 침묵의 세계가 궁금하기 짝이 없다.

사실을 증명할 수 없는 세계, 이해가 안 가는 세계를 어찌 확인할지. 인간은 그 비밀을 찾아 신이 숨겨놓은 침묵의 세계, 상상의 세계를 상상해 낸다. 신앙의 세계, 하데스의 세계가 그렇고 단테의 세계나 베르나르 베르베르의 세계가 상상뿐인 거라고 누가 감히 말할 수 있을 건가.

2. 현미경의 세계

지난해 고추 농사는 엉망이었다. 우리 집만 그런 게 아니라 동네는 물론 주산지를 비롯해 전국적으로 그랬다. 몇 년간 고추가 풍작이었고 재고가 상당했는데 거기다 중국산 고추까지 한몫하여 고춧값은 형편없고 재고만 쌓였다. 올해 이 재고를 고추 탄저병이 해결해준 셈이 되었다.

사월 말에 고추 모를 모종 하면서 미리 토양에 진딧물 방제제를 뿌렸다. 금세 모가 자라 사랑스럽게 꽃이 피고 칠월 초순 첫 수확을 했다. 예년에 비해 점차 수확량이 줄더니 팔월 이후엔 전무했다. 고추는 수확 즉시 매번 탄저병을 위한 칼슘제와 살균제를 살포한다. 그러나 이번엔 아무 소용이 없었다. 일 미터나 자란 고추는 잎과 열매로 아픔을 보여 주었다. 우리는 네 번 따고 끝이 났다. 속수무책으로 대부분 농가가 두세 번밖에 수확하지 못해 집마다 먹을 양에도 미치지 못했다.

탄저병은 고추에만 있는 게 아니다. 옛날 귤 과수원을 할 때도 늦여름에 귤이 익을 무렵이면 나무 꼭대기에 달린 것부터 불에 탄 것 같은 탄저병 귤이 생겨났다. 논산으로 이사 오면서 울안에 십여 그루 사과나무를 심었는데, 탄저병으로 한 개도 못 건지기 일쑤였다. 고추는 특히 탄저병에 약한데, 탄저균은 공기 중에 떠돌다가 빗물에 섞여 고추에 안착한다.

고추의 탄저균, 다행인 건 사람에게 붙지 않으니 천만다행이다. 생화학 무기로서 탄저균은 무시무시한 살상을 가져온다. 살을 썩게 하고 치사율도 높다. 원자폭탄으로도 모자라 몇몇 나라는 탄저균을 무기화하고 있으니, 알 수 없는 일이다.

병원성 탄저균은 bacilius 박테리아의 일종으로 치사율이 95%나 된다니 핵만큼 무서운 무기가 될 수 있다. 병원균 대부분은 이미 백신이 만들어졌으니 탄저균도 예방 백신이 있을 거다. 그 언제 청와대는 탄저균 백신을 수입하여 직원들이 맞았다는 풍문이 돈 바 있다. 북한은 대륙간 탄도 미사일에 핵탄두 대신 탄저균도 실을 수 있는 나라이다. 시리아 내전 당시 북한에서 수입한 탄저균을 살포하여 수많은 반군을 살상시켰다고 세상이 떠들썩할 때가 있었기 때문이다.

백색의 탄저균 가루, 미국도 공포로 떨게 하는 침묵의 무기이다. 공포 분위기를 조성하기 위해, IS가 가짜 흰 가루 봉지를 공항에 슬쩍 놓기만 해도 우왕좌왕 셰퍼드까지 동원된다. 물론 생화학 무기로는 탄저균뿐 아니라 그 외 병원균들을 그 목적으로 배양한다고 한다.

나는 이 겨울 항바이러스제인 타미플루를 처방받았다.

물론 독감백신을 제때 맞았지만 올 백신은 균을 잘못 예측하여 A형 B형이 만연하고 있다. 미국도 중국도 독감이 번져 난리이다. WHO 질병 본부는 년 말까지 독감으로 사천 명이 희생되었다고 발표했다. 이들 균은 특수 현미경에서만 보이고 세균을 걸러 내는 여과지까지 통과해 버리고 마는 작은 것, 단세포도 못 되는 머리만 가지고 떠돌다가 숙주에 안착하면 세포로 변해 금세 증식하는, 바로 바이러스다. 이틀 후 남편도 타미플루를 처방받았다. 밥도 따로 수건도 따로 쓰면서 근처에 얼씬도 안 했는데도 옮겼다. 그는 체력이 좋은 사람이지만 속수무책으로 독감 바이러스에 공략당하여 고열과 기침과 전신 쑤심이 왔고 그나 나나 후유증은 두 달을 넘겼다.

    바이러스는 무적일까. 바이러스에게도 천적이 있을까, 그럼 인간의 천적은 무엇일까. 인간은 생물체 중에서 최상위 포식자로 자처하고 있다. 인간을 죽게 하는 것은 무엇일까. 물론 노화부터 여러 가지가 있지만 때로는 세계를 휩쓰는 전염병이 돌면 작디작은 박테리아나 바이러스는 공포의 대상이 된다. 최상위 인간이 보이지도 않는 침묵의 단(短) 세포에 치명상을 입는다는 게 아이러니하다. 그들 바이러스나 박테리아가 전 생물계를 휩쓸 수 있기 때문이다. 그렇다고 바이러스의 천적이, 항생제를 만들고 항바이러스제나 항암제를 만들어 내는 인간뿐인 건 아닐 것이다. 다이아몬드가 다이아몬드 칼로 잘리고 숫돌은 숫돌로 갈리는 것처럼 바이러스도 특정 바이러스에 의해 죽을 수 있다. 이런 점을 역이용해 질병을 고칠 수도 있을 것이다. 때론 사람의 천적이 사람이 될 때도 있는 것처럼.

　우리는 여름부터 가을까지 미국흰불나방 애벌레가 뜰을 점령했지만 그건 아무것도 아니다. 서둘렀으면 금세 박멸했을 것이다. 툭하면 생기는 구제역 바이러스는 돼지나 400kg이 넘는 소를 손쓸 사이 없이 쓰러뜨린다. 조류인플루엔자로 달걀을 수입해야 했다. 소리도 없고 보이지 않으니 최상위 인간이 이 작은 것들을 두려워할 수밖에 없다. 고추 탄저균도 손 쓸 수가 없었다. 다행히 독감 바이러스는 항바이러스제인 타미플루가 있어 급한 증상이 호전되었다.

　이 침묵의 현미경적 미물과 최상위 포식자 인간과의 시소게임의 의미는 무엇일까?

5부

나 II

제5 계절에 세(貰) 들다

네 잎 클로버

인생무상

대변

숨을 곳이 없었다

회귀

제5 계절에 세(貰) 들다

　인생의 사계(四季) 중, 나는 지금 어디쯤 이르렀을까.
　봄이 끝없이 배워나가는 보태기의 계절이라면, 여름은 곱하기로 성장과 확장의 시기이다. 가을은 풍요를 거두어 나누는 나누기의 계절일 것이다. 인생의 겨울은 마이너스 즉 삶의 몸피를 줄이는 절전모드로 바뀌는 빼기의 계절이리.
　다행이라면 인생에는 제5의 계절도 있어 봄·여름·가을·겨울이 함께 존재하는 전천후 계절을 맞을 수도 있다. 고목에 꽃이 피는가 하면 젊어서 못 이룬 꿈이 다시 태동하며, 그것이 영그는 계절이다. 때론 서늘한 바람이 불어와 풍요의 열매를 흔들어 떨어뜨리니 죽음을 생각게 하는 계절이기도 하지만, 이미 모든 걸 받아들임으로써 그조차 심각하게 생각하지 않는다. 경제가 옛날처럼 풍풍 돌지 않아도 마음은 그 전보다 더 풍요롭다. 건강이 시원치 않아도 이미 마음을 비웠으므로 그리 큰 문제가 되지 않는다.

그렇다고 모든 이가 제5의 계절을 맞을 수 있는 것은 아니다. 결코, 아니다. 진정 마음이 온유한 사람이라든가 공덕을 쌓은 이가 받는 은총의 계절이다. 더 나아가 이것은 더 비싼 값을 치르고 나서 받는 대가라 할 수 있다. 절망 속에서 저승을 오르락거리다 다시 태어난 이에게 주는 신의 축복이기도 하다. 큰 병으로 최후 선고를 받았지만, 병을 이겨냈다거나, 상실과 극도의 아픔과 슬픔을 치르고 일어선 이들이 바친 기도로 받은 신의 보은이다. 이들은 마음이 깨끗해진 덕에 그대로 제5의 계절을 맞을 수 있다. 비로소 태풍이 휩쓸고 지난 후의 바다처럼 잔잔하다. 그들은 성(性)에서 해방되었을 뿐 아니라 재산도 명예도 뛰어넘었으므로 매사를 겸허하게 받아들인다. 기쁨과 감사가 겹친다.

제5 계절의 삶은 축복이다, 보너스요 덤이며, 개평이다. 아니 다시 태어남이며 변신이며 내면적 삶의 진화이다. 큰 고통을 겪고 난 이들의 절망은 이미 승화되어 별이 된다. 가족도 의사도 포기한 생명을 기적적으로 다시 받아낸 이들의 삶이야말로 선물이다. 다시 태어난 그들의 삶은 조촐해진다. 그들은 명예나 재물이 얼마나 속절없는 허망임을 체험한 자들이다. 그들은 점점 작아지기를 바라며 단순하고 겸허해 간다.

그렇고 보면 나는 아직 제오 계절을 살 자격이 갖춰지지 않은 셈이다. 그저 그제나 이제나 소박한 삶을 살 뿐이다. 단지 나이 들어보니 행복은 정말 별것 아니란 생각이 든다. 멀리 있는 것이 아니요, 미소 지을 수 있는 일이면 다 행복이다. 그 조그만 행복이 감동으로 이어질 수 있는 해맑은 바탕만 주어진다면 세상은 다 아름답다. 그 맑은 마음이 행복의 원천인 셈이다. 이것을 젊어서 알 수 있었다면 얼마나 좋았을까.

젊었을 때도 내 희망은 소박하긴 했다. 전원에 살면서 월 정기 간행물을 한두 권 받을 정도의 경제면 된다고 생각했다. 소외된 곳에 매달 기부할 수 있는 나눔의 삶이면 된다고 믿었다. 더 바란다면 헬렌 니어링이나 타샤 튜더처럼 꽃을 기르며, 책을 읽고 글을 쓰고 텃밭으로 자급자족하고 싶은 거였다. 그들은 영성의 맑은 향기를 모든 이에게 뿜어 주었다.

나에게 있어 제5의 계절은 청복의 계절이란 생각이다. 그 별것 아닌 행복, 맑은 의미를 지닌 소박한 삶의 일상이면 만족이다. 작은 행복, 청복(淸福)은 자신에게 의미 있는 일이면 누가 알아주지 않아도 상관없다. 이런 소소한 의미 있는 것들은 내 것이라 말해도 무리 없다. 최선이라든가 최고를 지향하지 않는다. 차선이 내 차지면 족하다. 장자의 소요유까지 누린다면 무엇을 더 바랄까. 마음의 고요가 찾아올 때 나의 뜰은 에덴이 된다. 묘한 일이다. 내 이름 속엔 '편안하고 안(安) 고요한 정(靜) 은혜 혜(惠)'가 들어있다. 너무 정적이라 젊어서는 좋아하지 않던 이름이 늘그막에 나에게 딱 맞는 이름이 되었다.

이곳 논산 시골에 이사 오면서 운동시간에 맞춰 밤길을 나선다. 저녁놀이 사그라질 무렵의 자홍과 진홍의 서편 하늘을 바라보며 논길을 걷는다. 황홀한 빛의 엑스터시가 가슴속에 울려 퍼진다. 돌아오는 길에선 맑은 밤하늘의 빛나는 별들과 함께하며 집으로 오는 내내 무언가 차오름에 젖는다. 오가는 이 없는 들길에서, 이 맑음이 전신을 채운다.

오월이면 언제나, 예전 러시아 여행길에서 만났던 들판의 개양귀비 무리를 우리 집에서 본다. 몇 년 전 동생이 미국에서 사 온 씨앗인데 처음 뿌렸을 때는 수십여 포기에 지나지 않았다. 점차 씨앗이 번져 수만 송이의 일고여덟 색의 꽃양귀비가 피어나고 있다. 제주를 떠나오면서 가져온 서너 포기 흰색 데이지도 번지니 더더욱 화사하다. 아롱다롱 수레국화도 이때 피어난다. 무엇이 더 부러우랴. 이 꽃들이 나를 취하게 한다.

 이 조촐한 일상 덕에 나야말로 오늘 화사하다. 제5 계절 속에 세(貰) 들어 살고 싶다.

네 잎 클로버

여고 시절 교정에는 네 잎 클로버가 꽤 있었다. 친구들과 곧잘 네 잎 클로버를 찾아 책갈피 속에 넣었지만, 기실 행복이 무언지 행운이 어떤 것인지 전혀 모른 채 마냥 좋던 시절이었다. 지천명이 넘도록 철없던 그 시절이 제일 그립다고 말해 온 건 그때까지 어머니가 곁에 계셨기 때문일 거다. 그만큼 어머니란 행복과 직관되어 있었던 게 분명하다. 나이 들어 철들고 나니 행복이나 행운이란 흡족감은 삶 속에 함께 존재하다가 평상을 잃고 나서야 알아차리게 되는 아쉬움인 셈이다.

나의 평상은 어머니의 부재로 깨져버렸다. 집안도 온통 뒤집혔다. 아버지의 탄탄대로와 샛길도 어머니 덕에 가능했던 것, 모든 것이 무너져 폐허가 되는 데 몇 년이 안 걸렸다. 그리고 십 년이, 이십 년이, 육십 년이 지났다.

지금 와서 돌이켜보면 행운과 불운은 동전의 앞뒷면과 다를 바 없다는 생각이 든다. 하룻밤 사이에 들이닥친 死와 生, 그날 태어난 다섯째 여동생은 육십여 년이 지난 지금 교장 선생님으로 재직 중이다. 그 위 세 살이던 여동생은 모든 지난 시절을 떨쳐버리고 여행가로 나서더니 여행 작가로 변신, 출판사를 개업했다. 여섯 살이던 남동생은 학교에 다니던 내내 장학생으로 대학원까지 마치고 군 복무까지 끝낸 후, 앨버타대학의 장학금으로 박사 학위를 받고 교수로 재직하다가 학장으로 정년을 맞았다. 아홉 살이던 남동생부터 직간접으로 영향이 왔다. 그 애는 고학하다시피 학교를 나와 화력발전소 설계 전문가가 되어 중동의 발전소를 지으러 나다녔다.

맨 위인 나와 둘째는 수혜자가 아니라 공급자였다. 수혜자도 만만치 않게 태산준령을 넘었지만, 공급자 둘은 가정교사를 하며 힘겹게 자기 시대를 이겨내야 했다. 그 세월을 버티느라 속과 겉이 동년배보다 십 년은 더 늙었다. 하지만 인내의 끝은 나쁘지 않았다. 주어진 몫을 치르고 얻은 훈장이랄까. 둘째 공급자의 아들이 카이스트대학에서 먼저 기계공학 박사, 다음 첫째 공급자의 아들이 미어번대학교에서 기계공학 박사, 셋째네 아들이 서울대에서 식품영양학 박사 학위를 받았다. 타인의 눈으로 보면 그런가 싶어도 험난한 시대를 헤쳐 온 두 공급자에겐 남다른 일이다.

어머니가 내 곁에 그대로 계셨다면 나의 세계는 지금과는 훨씬 다른 세상에 살고 있을 거란 생각이 든다. 언제나 맏딸을 세상에서 제일 잘났다고 추켜 주었고 내 밥이 되어 주었던 어머니. 어머니만큼 든든한 배경이 세상 어디 있겠는가. 그대로 컸다면 나는 나밖에 모르는, 주변이 어떻게 돌아가는지 눈치코치도 못 채는 청맹과니가 되었을 거다. 분명하다. 어머니를 잃고 나서야 어머니 없는 애들의 마음도 알게 되었다. 그 전엔 엄마가 없는 애들을 보면 어찌 엄마가 죽는 데 같이 따라 죽지 않고 밥을 먹으며 살 수 있을까 하는 생각에 고개를 갸웃했다. 그 정도로 철부지였다. 수혜자도 공급자도 다 제자리에 설 수 있었던 건 어쩌면 어머니의 부재로 내심을 다진 덕일지 모른다.

아이러니다. 부모 슬하에서 행복한 삶을 살았다면 그대로 응석받이로 성장했을 터다. 틀림없이 불시에 찾아드는 인생의 역경도 이겨내지 못했을 거다. 내 편이 아무도 없는 겨울 허허벌판에 혼자라는 것, 헐벗었다는 것이 우리를 더욱 강하게 했다. 결혼생활도 편들어 줄 어머니가 계시지 않아서 오히려 잘 참아낼 수 있지 않았나 하는 생각이 든다.

어머니는 내게 빛과 그림자였다. 어둠에 가려진 맥없는 그림자가 나를 빛으로 인도했다. 불운이 행운을 가져온 셈이다. 빛과 그림자는 한 쌍이고, 그림자의 꼬리엔 빛이 있기 마련이다. 만남과 이별이 동전의 앞과 뒷면이듯 삶과 죽음 역시 짝이요, 행운과 불운도 한 쌍이었다는 걸 이제 새삼 느낀다.

나는 예수의 역설을 좋아한다. '가난한 사람은 행복하다든가 우는 사람도 행복하다' 든가 하는 예수의 수없는 역설적 가르침이 쉽게 이해가 간다. 삶 속엔 역설이 제법 많이 숨어있다. 큰 행운이 뜻하지 않게 불행으로 이어지는 것도 적잖게 봐왔다. 근간 미국에서 로또로 이백만 불, 한화로 이십삼억을 받은 남자가 그 돈 문제로 아내와 아이를 죽이고 자신도 죽었다. 돈은 남은 세 아이에게 돌아가겠지만 큰 불행이 아닐 수 없다. 행운의 꼬리를 물고 오는 불행의 그림자가 심심찮게 뉴스에 오르내리는 걸 보면 안타까운 마음이다.

행운은 성공의 둘째 덕목쯤 되지 않을까. 사실 첫째는 준비된 자 혹은 받아들이는 자의 인내일 거다. 인내, 보약처럼 쓴맛이며 눈물이며 아픔이기도 하지만 틀림없는 희망이기도 하다.

  사람에겐 평생 최소한 세 번의 기회가 온다고 한다. 그 기회란 운(運) 즉 행운을 말하는 게 아닐까. 기회(운)가 선으로 이어지면 평생 행운이 감돌겠지만 과한 욕심에 악으로 연결된다면 불행으로 산산조각이 날 것이다. 행운 속엔 불운의 씨앗이 숨었고 불운 속에는 숨은 보석처럼 인내가 선물로 감춰져 있으니. 결국, 인내가 행운으로 가는 길일 거다.

  여학교 교정에 많았던 네 잎 클로버, 행운과 불운이 숨었던 에덴이었다.

인생무상

_탄생

탄생이 무상(無償)일까.

인생무상(人生無常)이라 하니, 종말 역시 무상(無常)이리.

태어남을 생각해 본다. 같은 출발선에서 스타트 하는 마라톤처럼 시작이 똑같아야 공정한 것 아닐까. 열 달을 못 채우고 태어나는 칠삭둥이나 팔삭둥이가 체중 미달 미숙아로 태어나는가 하면 유전병을 받고 태어나는 아기도 있다. 그럼에도 누구에게나 탄생은 공짜임엔 틀림없다.

중세 때 금수저 은수저를 물고 나와서 유모 젖을 먹으며 유모 손에서 크는 아이처럼 엄마가 둘인 아이도 있다. 엄마 아빠에게 처음부터 소외된 탄생도 있고. 일하는 엄마 등에 업혀서 울어야 젖을 얻어먹는 아기도 있고 엄마

품에서 시작해도 엄마도 아기도 행복하지 않은 경우도 있다. 태어남도 삶도 천태만상이다.

   탄생, 진정 공짜일까, 절대 무상(無償)은 아니다. 외상이다. 그래서 스타트부터 다른 것이다. 진 빚의 많고 적음에 따라 다르고, 허리가 휘도록 그 값을 갚아도 끝이 없는 시시포스의 바위와 같은 거다. 누구나 보이지 않는 등짐을 짊어지고 살아감을 보라. 운이 좋을수록 더 큰 값을 지불하며 살아야 한다. 약자와 많은 사람을 먹여 살려야 하지 않겠는가. 그 운(運)이 무엇일까. 외상값 경중이다.

   모든 게 나의 선택과는 전혀 무관한 일이다. 부모와 나의 인연은 누가, 왜 연결시킨 고리일까. 따져 볼수록 오리무중이다. 도대체 왜 모르고 살아야 하는지. 티베트나 인도 불교처럼 윤회 사상을 믿으면 이 모든 걸 자연스럽게 받아들이지만, 여기에도 최소한 바둑 두기처럼 하수인 사람에게 무슨 특전이 있어야 공정하지 않을까.

   연기설(緣起說)은 그들에게만 적용되는 존재 의식은 아닐 것이다. 모든 결과야 원인이 있는 법 아닌가. 인생의 스타트엔 무슨 비밀이 숨어있는 걸까. 그 원초적 원인이 무엇일까. 시원(始原)의 원죄 탓일까, 윤회한다는 전생의 업보가 바로 갚아야 할 등짐이었단 말인가.

   베이비붐 세대들은 하나같이 가난하게 태어났어도 국

가의 초고속 경제성장 덕에 소위 말하는 개천 곳곳에서 용이 나왔다. 그 시대는 끝났을까. 인생 유전(人生流轉)이라고 베이비붐의 자식은 아버지가 이룬 터전에서 유복하게 태어나 잘 자랐다. 하나 지금 그들에게 일자리가 모자라, 취업이며 결혼이 미뤄지고 있다. 그렇다고 모두 똑같은 것도 아니니, 이것이 보이지 않는 원인에 관한 결과일 거다.

나는 밭에서 씨 뿌리며 거두는 농부로 인생 이 막을 살고 있다. 같은 날 부드럽게 경운한 밭에 씨앗을 뿌려 싹이 잘 텄어도 모두 수확이 가능한 건 아니다. 농부는 적당한 간격으로 솎아내는데 그렇게 아웃되는 게 적지 않다. 날씨가 가물면 싹이 제대로 트지 않는다. 싹트는 시간이 길어질수록 새들이, 벌레들이 씨앗을 먹어 치운다. 다시 씨앗을 뿌린다. 커감에 따라 균과 해충들이 들러붙는다. 오이 한 포기도 하늘의 도움과 농부의 손길 없이는 제대로 자라지 못한다. 사람도 별반 다르지 않으리.

나이 들어서 보니 때때로 하늘의 의도는 우리와 완전히 다르다는 걸 알아차리게 된다. 우리가 보기에 가장 축복받지 못한 인생이 하느님 보시기에는 가장 축복받은 사람이 될 수 있다는 거다. 하느님의 역설을 이해하는 나이가 되어간다. "가난한 사람도 우는 사람도 슬퍼하는 사람도 행복하다."라고 하는 역설을.

　난 그런 사람을 한 분 알고 있다. 그녀는 E 여대를 나온 재원이다. 출판사에서 일하다가 오빠가 소개한 남자와 결혼했다. 남편은 그녀의 유별난 신앙이 못마땅했다. 그는 성경책을 찢고 태우며 탄압이 이만저만 센 게 아니었다. 점점 인간이 사이코패스로 변해갔지만 그래도 그녀는 이혼하지 않았다. 남편의 폭력을 등에 지고 사느라 또래보다 일찍 늙었고 병도 왔다. 아이들이 다 출가하고 남편도 떠났다. 쌍둥이 손자 손녀를 돌보다 보니 기관지에 이상이 생겨 기관지를 절개하고 요양 병원에 입원해 있었다. 암도 찾아왔다. 어느 정도 쾌차하자 퇴원하고 아들 며느리의 봉양을 받는다. 인간의 기준으로 보면 불행이며 인생무상이다. 그러나 하늘은 그녀를 날개 없는 천사로 만들어 아들 내외에게 보냈다. 변한 그녀의 목소리는 천사의 소리로 들려온다.

　천사의 목소리를 들을 수 있다면 바로 그녀의 목소리가 아닐까 한다. 목소리가 예쁘다는 것도 아름답다는 것도 아닌데 표현하기 어려운 행복한 목소리라고 해야 할 것 같다. 외출이 자유롭지 못해 거실 소파가 전부일 때도 있었다. 아들 내외가 일터로 나간 빈집에서 그리 행복할 수 있는 건가.

　가빌라이 왕국의 태자로 태어난 붓다는 모든 영화를 버리고 출가하셨다. 인생무상이었다. 육 년 동안 밥을 얻어먹으며 수행하시다 득도하셨다. 그분의 삶 역시 역설이다. 인간이 추구하는 게 밥 만이 아니요, 명예도 권력도 전부가 아니라는 것을 우리는 보게 된다. 가끔 오체투지를 하거나 탁발로 밥을 얻어먹으며 현세를 사는 이들을 본다. 탁발하는 이들에게 음식을 내어주는 사람도 인생무상을 알기에 공덕을 쌓는 것이다.

　사실 탄생은 무상으로 받은 것이요, 우리가 살아가는 데 꼭 필요한 것일수록 무상이다. 부모도 무상이요, 우주의 생성 요소인 지수화풍 다 무상으로 우리를 돕는다. 땅이 그렇고 물이 그러하며 불도 그렇고 바람도 그렇다. 그러나 잘 쓰고 제대로 돌려놓아야 할 의무가 있다.

　급기야 물도 사 먹고 공기도 살 수 있으면 사야 하는 세상이다. 탄생조차 돈을 써가며 만들어 내고 있다. 공짜가 사라져 가는 세상 속에서 인간은 탄소 제로를 외치고 야단법석이나 지구는 쓰레기 더미로 중병에 신음한다. 왜 생물체 중에서 가장 작은 코로나 19 바이러스가 세상을 공포로 몰고 있는가.

　이 세상에서 무상인 것이 사라지고 있기 때문일 거다.

대변

_아버지

아버지의 꿈을 가끔 꾼다. 예전의 젊던 모습이 아니라 아버지 같기도 하고 내 남편처럼 보이기도 하는 두 얼굴이다. 어떨 때는 분명 내 아버지라는데 얼굴은 남편이다. 아버지와 남편과는 무슨 연관이 있는 것일까. 시간이 너무 많이 흘러 아버지 얼굴이 희미해진 탓일까. 그건 아니다. 그럼 남편이 아버지 몫까지 해 주기를 바라는 마음 때문일까. 만일 전생이 있다면 그때 그가 내 아버지였을지도 모른다는 생각도 가끔 해본다. 남편도 때론 미워했지만 아버지는 살아생전 몹시 미워했다.

어린 시절엔 아버지가 약주에 취해 집에 들어오시는 것이 그렇게 싫었다. 중년에 아내를 잃고 힘없이 무너져 내리는 아버지의 인생은 더 보기 싫었다. 마흔셋에 상처한 아버지는 여고 2학년인 나를 맏이로 육 남매를 두셨는데, 겁도 없이 어떻게 그리 무너지셨을까. 그렇다면 아버지는 인생을 너무 쉽게 생각한 게 아닐까. 설상가상 오일륙이 나면서 아버지의 사업까지 무너졌다. 삶이 바닥까지 추락한 것이다.

추락한 아버지의 날개는 상처투성이였다. 마흔셋의 아버지는 자신만만하다고 믿었는지, 아이가 여섯이라는 것에 대한 어떤 위기의식도 보이지 않았다. 내 눈에 아버지는 도무지 무서운 게 없는 분이었다. 어머니가 죽음과 바꾼 갓난쟁이를 포함하여 줄줄이 여섯 자식을 둔 아버지에게서 내가 본 건 상처한 사십 대 남자의 모습뿐이었다.

아버지가 돌아올 수 없는 머나먼 길로 떠나신 후에도 나는 오랫동안 아버지를 온전히 이해하지 못했다. 그러다 근간에 아버지를 이해하기 시작했다. 사십 대 남성으로서 그 시대의 상황과 처지가 아버지를 그렇게 만들었을 거라고 이해를 했다. 더 솔직히 말하면 아버지의 후취기(後娶記)를 쓰고서부터 죄송한 마음을 갖게 되었다. 그러면서 왜 아버지가 술에 크게 의존하고 살았는지도 알게 되었다.

내 첫돌 날, 해방이 되었다. 가슴에 복받치는 만세 소리와 함께 아버지는 당신에게 씌워졌던 일제(日帝)의 굴레를 벗어던졌다. 몇 달 동안 목을 조르던 올무가 풀린 것이다. 나는 그날 돌상을 받고 만년필을 집어 어른들을 기쁘게 했다고 한다.

이태 전인 1943년 9월에 아버지와 어머니는 금강산 신계사에서 결혼식을 올렸다. 첫날밤을 지내고 바로 일경에 체포되어 원산 경찰서로 이송되었다고 한다. 그 4년 전 아버지는 보성전문 법과를 졸업하자 미국 유학의 꿈을 안고 수속을 시작했다. 당시 일본은 미국과 태평양전쟁 중이었으므로 조선 총독부는 미국행을 통제했다. 합법적으로 출국할 수 없었던 아버지는 동대문 경찰서장의 직인을 위조하여 날인하고 배를 탔다. 할아버지는 아버지의 미국행을 극구 반대했다. 졸업과 동시에 금융조합(농협 전신)의 상급 자리가 기다리는 판인데 무슨 유학까지 보내시려 했겠는가. 유학자금은 고모가 할아버지 돈 괘를 털어 조달해 주었다.

우여곡절 끝에 미국까지는 도착했으나 당시 미국은 미국대로 유색인종을 내몰고 있었다. 아무 일도 할 수 없게 된 아버지는 일단 뜻을 접었다. 유학을 미루고 배에서 일하며 세계 무전여행에 나섰다. 일 년여 세계여행을 마치고 귀국했는데 수배 인물이 되어 있었다. 고향에서도 살 수 없고 그렇다고 서울에서 취업도 할 수 없어 지하 생활을 하다시피 지내다가 결혼을 했고, 결혼식 다음 날 결국 영어의 몸이 되고 말았다.

　새신랑이 유치장에 있어 매일 울고 있는 딸이 가여운 외할아버지는 가업인 한약국 문을 일단 닫으셨다. 원산 경찰서를 매일 드나들다시피 하셨다. 딸 시집 잘 보낸다고 소문이 무성하더니 그 지경이 된 것이다. 아버지는 풀려날 기미는커녕 일제의 야비하고 끈질긴 회유가 계속되고 협박과 고문이 이어졌다. 결혼은 또 하나의 족쇄가 되어버렸다. 마침내 아버지는 무릎을 꿇고 풀려났다. 평생 마음에 치욕적인 굴레를 뒤집어쓰게 된 것이다. 어머니의 신혼은 엉망진창이 되었고 그 덕분에 나는 외가에서 태어났다. 아버지는 폭음과 좌절로 몸이 쇠약해지기 시작했다. 와중에 내 첫돌이 되었고, 일제 치하에서 해방이 되었다. 일본은 패망하고 대한민국이 삼십육 년 만에 해방이 된 날, 온 국민은 기쁨의 만세를 불렀다. 아버지는 당신을 옥죄던 올무에서 벗었다는 것과 첫딸의 돌잔치라는 큰 기쁨이 겹친 날이 되었다.

　하지만 그건 잠시였다. 일제에 협조했다는 치욕적 과거가 양심을 괴롭혔다. 사실 그것은 아버지 자신의 양심이었을 것이다. 그러면서 아버지는 스스로 날개를 꺾은 독수리가 되어버렸다. 미국 유학을 꿈꾸던 누구보다도 이상이 남다른 분이었다. 그 후 학자의 꿈도, 공직생활도 아예 접고 날개를 펴지 않았다. 미군정(美軍政) 때 통역관의 일을 잠시 했을 뿐. 아버지는 날개를 접자 약주를 친구로 삼았다. 중학 시절부터 익힌 바이올린을 켜거나 하모니카를 불면서 마음을 달랠 수 있었던 건 그나마 다행이었다. 한국전쟁 후 모 신설 대학에서 경제학을 맡아달라는 제안을 받기도 했고, 국회의원 후보 물망에 오르기도 했으나 날개를 펴지 않았다. 사업이 전부였다. 꽃과 나무와 채소를 가꾸며 사업에만 전념했다.

 아버지의 인생 절정에 어머니가 산후 출혈로 돌아가시자 아버지는 또 추락했다. 아이 여섯에 중간 상처, 빤한 드라마가 인생 4막까지 이어졌다. 어머니가 가신 지 십 년 만에 쉰셋의 나이로 한세상을 마무리하셨다. 막내가 열 살이었고 새어머니가 집을 나갔고, 아버지에겐 집도 의지할 그 무엇도 없었다. 몸은 병으로 운신이 힘든 상태였다.

 만일 아버지가 그때 끝까지 일제의 회유를 물리칠 수 있었다면 어떻게 되었을까. 아마 신체 불구자가 되었거나, 아니면 머나먼 동토(凍土)의 땅 사할린으로 징용을 떠났을 것이다. 그곳 유배지에서 석탄을 캐며 기약 없이 한세상을 마쳤을 수도 있다. 혹은 병으로 돌아가셨을지도 모른다. 대장부의 꼿꼿한 절개가 그렇게 무참히 짓밟혔어도 아무도 아버지 인생을 책임질 수 없었을 것이다. 어쩜 나는 태어나지도 못했을 것이다. 어머니는 어찌 되었을 것이고. 아버지는 현지에서 다시 결혼하고 50년이 훌쩍 넘어, 고국을 방문했을 때 혈혈단신으로 늙은 어머니를 만나 가슴을 쳤을 것이다. 어머니의 한은 누가 책임져 주었을까?

아버지가 가족을 위해 그 한 몸 희생한 것을 이제야 나는 안다. 그것은 아버지 앞에 놓인 외나무다리였고 피할 수 없는 시대 상황이었다. 그리고 상처(喪妻)한 남성으로서의 아버지 인생도 이해가 간다. 어느 아버지가 딸자식에게 어린 자식들을 맡기고 머나먼 길 떠나고 싶으랴. 그때는 아버지가 내 날개를 꺾었다고 억울해했지만, 그 역시 내가 처한 상황이었다. 바로 상황이 인생을 이끌고 가는 것도 사실이긴 하나, 아버지나 나나 인생의 위기나 역경이 또한 기회였을 수도 있다. 로마로 가는 길이 어디 하나뿐인가. 일찍 체념하고 물러난 것은 스스로 날개를 접은 것이지 그 누구의 탓도 아니다. 그리고 보면 난 아버지를 많이 닮은 것 같다.

이 세상에 자기 마음대로 되는 일이 얼마나 될까. 딸로 태어난 나도 청운의 꿈을 꾸며 젊은 시절을 살았는데, 아버지야 어땠으랴. 아버지는 통이 큰 사업가셨다. 중간 상처는 망처라더니, 아버지는 그것을 뛰어넘지 못하셨다. 지나고 보니 너무나 인간적인 성정이 아버지를 무너지게 한 것이다. 아버지에겐 하늘나라 외엔 설 자리가 없었던 것이다.

 아버지를 꿈에서 만나면 일이 잘 풀린다. 내 잠재의식 속의 아버지는 강하지 못했지만, 하늘나라에 간 아버지는 내게 날개를 펴라고, 잘 살라고 음덕을 베풀어 주시지 싶다. 나는 지금 아무것도 모르는 동생들을 위해 아버지를 대변하는 중이다.

숨을 곳이 없었다
_성서 필사

그때 하필 에테르 증기는 왜 나에게 달려들었을까. 내가 친 사고도 아닌데. 그로 인해 나는 3도 화상을 몇 군데 입었다. 대학을 갓 졸업한 스물세 살 오월이었다. 당시 나는 공무원 보건 연구직 '연구사 보'에 특채되었다. 발령을 받기 전 지금으로 치면 인턴 코스로 실험 실습을 하던 때였다.

약품검정과를 거쳐 식품화학과 실험실에서 수돗물(냉각수)이 연결된 쏙시렛 추출법으로 식빵의 지방 정량 실험을 하던 중이었다. 실험 파트너가 쏙시렛 장치에서 샘플을 꺼내려는 순간 전기 곤로의 화기와 장치 속에 차 있던 에테르 증기가 발화 폭발했다. 옆에 서 있던 내게 그, 증기가 날아와 나는 불타고 있었다. 실험실 안은 금세 지옥처럼 변했다. 용감한 동료가 나를 바닥에 엎어뜨리고 자신의 실험복을 벗어 덮음으로써 불은 일단 꺼졌다. 그것은 순간이었을 것이다. 그러나 그 찰나에 별의별 생각을 다 하면서 그대로 죽는 줄 알았다. 눈썹과 머리가 일부 타고 팔과 가슴에 화상을 입어 금세 체액이 줄줄 흘렀다. 몰골은 중상자였다. 한 달간 입원했고 흉터는 다행히 옷으로 가릴 수 있는 부위였다. 정작 사고를 낸 동료는 멀쩡했고 그는 계속 죄지은 듯 내 주위를 맴돌았다.

그 무렵 아버지는 파산할 지경이라 집안이 풍비박산 상태로 이어가고 있었다. 아버지는 이미 두 차례 재혼에 실패하고 세 번째로 살고 계셨다. 사업 실패로 무척이나 어렵게 연명하던 때였다. 나는 장학금과 입주 가정교사로 겨우 졸업을 할 수 있었지만, 교육대학에 다니던 아래 여동생은 일 년을 마치고 벽촌의 공민학교 선생을 해가며 등록금을 벌고 있었다. 그 밑에 사춘기의 남동생이 학업을 쉬고 있었고, 다른 동생은 학비, 기숙사비 전액 면제로 아버지에게 힘을 실어 주었다. 곧 식구들이 오갈 데 없는 처지가 다가오고 있었다.

그때 우리는 지구 밖으로 숨는 수밖에 다른 무슨 길이 있었을까. 모두 막막한 현실에 내 얼굴만 쳐다보고 있었다. 그게 사실 내 어깨로 감당할 무게는 아니었다. 이 소용돌이 속에서 이중삼중으로 사면초가였을 때, 엎친 데 덮친 격으로 화상을 입은 거였다. 화상(火傷) 사건은 내게 인생의 절대적 터닝 포인트가 되었다. 나는 모든 걸 포기했다. 발령을 받으면서 바로 지인의 계에 합류하였다. 월급의 반은 곗돈이었고 반은 하숙비였다. 다행히 통근차가 있었다. 이듬해 남동생이 중학교에 입학할 때 나는 내 월급에 맞먹는 돈을 월 7% 이자로 빌려 교복 등을 해결해 주었다. 일 년 후엔 계를 탄 돈으로 서울 산동네에 방 한 칸을 얻어 시골서 아버지와 새어머니를 모셔왔다. 방학 때는 거기서 나까지 아홉이 복닥거렸다.

오십여 년이 흘렀다. 언젠가 가톨릭 신문에서 신구약 성서를 아홉 번 필사했다는 팔십 대 자매의 고백을 읽었다. 감동이란 바로 이런 영혼의 긴 울림이었으리. 그 무렵 우리 성당에서도 성서 필사를 모든 신자에게 의무화했다. 나도 결심한 바가 있어 신약부터 쓰기 시작했다. 처음엔 하루에 몇 시간씩 필사했는데, 그 일로 남편이 불편해하자 하는 수 없이 저녁 식사 후 내 방에서 한 시간씩 썼다. 주일날엔 헌금과 함께 노트를 봉헌했다. 차차 나는 성서 필사에 재미가 붙었고, 필사 노트를 봉헌하는 신자는 줄어갔다. 일 년이 지나자 나와 한 형제분만 봉헌하게 되었다. 그분은 나보다 진도가 빨랐다. 3년이 안 되어 그 형제분은 나보다 먼저 신구약을 완필했다.

그 가을 나는 풀숲을 헤치며 우리 과수원 방풍수인 동백나무 씨앗을 줍다가 진드기에 물리는 바람에, 쓰쓰가무시병으로 닷새 입원을 했다. 입원실에서 많은 시간 성서를 필사했다. 그 결과 그분보다 한 달 늦게 완필했으니 나도 3년이 조금 덜 걸린 셈이다. 새 성경책을 선물로 받았고 바로 연이어 필사를 이어갔다.

언제부턴가 성당에서 그 형제분을 볼 수 없었다. 알고 보니 가정에 위기가 왔다고 했다. 서울에서 사업하던 큰아들이 지병으로 내려와 성당에 같이 다녔는데, 아내와 별거를 한다고 했다. 둘째 아들은 우리 교회 성가대장을 했는데, 성가 반주를 하던 아내와 완전 결별을 하고 떠나버렸다. 본인도 경제난으로 마을에서 큰 빚을 지고 있었다. 나이 든 그분도 숨을 곳은 없었다.

지금 생각해 보면 그 무렵 나도 인생의 위기를 맞은 것 같다. 남편이 미사에 가끔 빠지더니 얼마 후 아예 쉬기 시작했다. 나까지 못 나가게 하면서 나의 모든 일에 태클을 걸었다. 너무 힘들어서 나도 미사를 두어 달 쉬었다. 농담인지 진담인지 신부님은 이혼하라고 했다. 그런 섭섭한 말씀을 하시다니, 신부님이 야속했다. 아마 내 하소연이 듣기 싫었는지 모른다. 성서 필사도 잠시 쉬었다. 무언가 큰 유혹(세력)이 남편을 통해 내게 왔음인지, 나를 통해 그에게 옮겨갔는지 도무지 모를 일이었다. 삶이 신산하고 몹시 고달팠다. 또 숨을 곳이 없었다. 고통 속에서 두 번째 완필은 6년이 걸렸다. 두 번째 필사 때는 새로 나온 '한국 천주교 주교회의'에서 번역한 성경으로 쓰면서 틀린 부분을 성서위원장이던 주교님께 서신을 내기도 했다.

나는 무슨 생각으로 그 오랜 시간 성서를 필사했을까. 무슨 욕심이 있었던 것일까. 성서를 쓰면서 나는 성서 자체를 탐구했을 것이다. 그 덕에 성서 전체의 맥을 파악한 것은 물론 인간의 본성까지 연구한 셈이다. 나는 세 번을 마치고 네 번 중간을 넘어 시편을 쓰던 중 오른손에 이상이 생겨 필사를 중단하고 계속 읽기만 한다. 십육 년간을 쓴 셈이다. 내가 그 세월 그 일에 매여 있었던 건 그 일에 큰 가치를 두었기 때문일 것이다.

어느 시인은 말했다. 아주 작은 일이라도 일주일을 계속하면 성실한 것이라고. 한 달을 하면 신의가 있는 것이고, 일 년을 하면 생활이 변할 것이고 십 년을 하면 인생이 바뀔 것이라 했다. 하지만 내 인생은 바뀌지 않았다. 삼 년을 수련한 국선도는 내 몸을 반듯하게 했다. 마음이나 영혼을 변화시킨다는 건 그리 간단한 문제가 아님을 뒤늦게 깨달았다고나 할까. 덧붙이면 깨끗한 손으로 써야 하는 거였다.

예언서를 쓸 무렵인 것 같다. 하느님께서는 '죄인을 불로 사르신다.'라는 내용이 나왔다. 두 번째 쓸 때도 그냥 지나갔는데 세 번째에 눈이 번쩍 뜨였고, 마음에 스파크가 일었다. '아! 그랬었나.' 그 오십여 년 전의 에테르 인화 사건이 바로 그 의미 아니었을까. 까맣게 잊혀있던 그 사건이 수면 위로 떠올랐다. '그런 것이었구나!' 나는 가슴을 쳤다. 그때 정말 도망치고 싶었다. 억지 가장이 되자 아버지를 미워하고 원망한 게 어디 한두 번인가. 나의 발목을 숨통을 조인 게 아버지라고 생각한 거다.

구약의 요나 예언서를 보면 요나가 니느웨이(죄악의 지역)로 가서 죄인들을 구하라는 하느님의 말씀을 모른 척하자, 하느님은 항해(航海)하며 도망치던 그를 고래 배 속에 들게 하셨다. 고래는 물을 뱉어 그를 니느웨이로 내던졌다. 바로 나도 그것이 아니었을까. 니느웨이에 떨어진 요나는 바로 하느님 말씀을 따라, 그곳 주민들과 함께 재를 뒤집어쓰고 그 민족의 불의와 악을 함께 빌어 니느웨이를 살리지 않았는가.

내가 스물네 살의 가장이 되었을 때, 난 점심을 싸가지 못했고 치약 살 돈이 없어 소금을 썼다. 가끔 쌀이 떨어지기도 했다. 초등학생부터 대학생까지 넷의 학비는 지금 생각해도 아찔하다. 사실 지나고 보니 잠깐이었는데 말이다. 성서를 필사하면서 그것을 알아채게 하시다니! 신부님은 성서를 쓰면서 고백록을 곁들여 쓰라 하셨다. 그렇게 난 참회록까지 쓴 셈이다.

또한, 나는 더 중요한 사실을 알아차린 거다. 나의 실험실 화상 사건은 오히려 하느님의 사랑이었다는 것을. 그때 나는 발등에 떨어진 임무를, 가장 가까운 혈육의 고통을 외면할 수 없었다. 하느님께 붙잡힌 것이다. 그러고 보면 나의 발에 끈을 묶은 건 바로 하느님으로 생각된다. 근간에 나는 남편의 수호천사가 되어 그를 위해 기도한다. 묘하게 그가 전과 다르게 호의적으로 변했다. 아직 자신은 쉬면서도 이웃 노인에게 전도하는 걸 보았다. 아니 그가 요한복음을 영어로 공부하더니 필사를 마치고 외우고 있다.

그때 힘겹던 세월은 잠깐이었다. 곧 선생님이 된 여동생과 분담(分擔)을 했다. 내게는 남편이 전적으로 거들어 주었다. 타고난 공부 복(福), 덕에 동생 하나는 유학을 마치고 교수가 되어 학장도 지냈다. 어머니가 돌아가시면서 낳은 여동생은 교장 선생님이 되었다. 또 둘은 뒤늦게 대학을 나와 자신들의 자존감을 세웠다. 지금은 다 은퇴했고 내 자식까지 박사가 넷 나왔다. 아직도 후보가 둘이나 있다.

하느님의 사랑 방법, 참으로 극적이고 오묘하시다.

회귀(回歸)

삶은 반전에 반전이다.

어려서 아예 소질 없다고 제쳐놓았던 것들이 반기를 든다. 여고 시절 적성검사를 받으니 체육이라든가 무용, 음악 계통이 점수가 아주 낮게 나왔다. 반면 자연과학과 미술에는 점수가 높았다. 자연히 생물학이나 화학에 관심이 많아 전공도 그렇게 정했다.

철없던 시절, 책이나 읽으며 온갖 고상한 척은 다 했다. 운동을 좋아하는 친구를 이해할 수 없었다. 트위스트가 유행하던 시대에 살았지만 춤추는 친구들을 아래로 보았다. 유행가를 즐기는 친구를 업신여긴 건 순전히 음악 선생님 탓이다. 절대, 특히 트로트를 못 부르게 했으니 말이다. 그러나 영화관이나 몰래 가고 선생님 속이나 썩히던 그 친구들이 시집가서 살림 잘하고 공부 외엔 무엇 하나 못 하는 게 없는 걸 본다. 활달하고 잘 놀고 일 잘하고 이재에도 밝다.

노래도 못 부르는 주제에 클래식에 취미가 붙어 유명 음악 감상실을 드나들었다. 지금은 모르지만, 그때는 서울 시립교향악단을 서울시 공보과에서 관여했다. 우리 연구소 곁에는 바로 시 공보과가 있어서 김만복 상임 지휘자가 지휘하는 정기 연주회는 언제나 갈 수 있었다. 당시 세기의 테너 스테파노가 내한했을 때 그 비싼 독주회에 초대받은 걸 으스댔다. 지금의 세종문화회관 자리로, 화재 나기 전의 시민회관에서 열렸다. 세종문화 회관을 짓는 동안은 이화여대 콘서트홀에서 암스테르담 콘체르토헤보 오케스트라단 콘서트에 초대받았다. 그날 협연한 정경화의 멘델스존 바이올린 협주곡을 남편과 함께 감상했는데 그 곡을 지금도 생생히 기억한다.

친척이 극단 멤버라 김혜자와 선우용녀가 단원이던 실험극장의 연극과 반효정이 단원이던 여인극장의 연극을 보러 다녔다. 사실 원작을 미리 읽지도 않고 테네시 윌리엄스의 '욕망이라는 이름의 전차' 외에도 여러 작품의 공연을 관람했으니 무모한 일이었다. 이런저런 특혜를 받은 건 순히 내 주변의 초대 덕분이다.

엉덩이에 뿔이 났던 시절은 금세 지나가고 이 시대가 나를 비웃고 있다. 이날까지 노래방에 두 번 가보았지만, 아무 노래도 부르지 못했다. 음치에 아는 노래도 없으니까. 모임에 나가면, 누가 노래를 시킬까 봐 전전긍긍했다. 요즘에야 노래를 서로 부르려 하는 추세라 마음 놓고 앉아 있어도 되니 얼마나 다행인가.

그런 내가 이번 논산의 '탑정호 전국 음악제'에 합창으로 출전한다. 연무의 농촌 봉동리 합창단 소속으로 나간다. 이곳 봉동리 보건진료소의 노래교실 팀이 이 대회에 나가는데 인원이 모자랐다. 끈질긴 진료소장의 권유로 꽁지를 뺄 만큼 빼다 요즘 연습 중이다. 재미있다. 더욱 신이 나는 건 노래 교실에서 관광버스를 타면 추는 막춤도 추어보았다. 예전 같으면 당장 도망쳤을 것이다. 그러고 보면 내게도 인간의 원초적 즐거움인 노래와 춤이 몸속에 들어있었던 모양이다. 봉동리 합창단은 노인의 날 기념 공연에 초대받았고 강경 젓갈 축제 공연 무대에도 초대받았다.

여기 이사 온 후로 쭉 국선도 수련만 해 왔는데, 올 년 초엔 에어로빅과 요가반에도 들었다. 거기서 싸이의 세계적인 히트곡인, '뉴 페이스' 춤도 배우고, 라인 댄스도 배웠다. 남들은 어려서부터 좋아하는 이 원초적 리듬을 왜 나는 이제 알게 되었는지. 얼마나 재미있는지, 그날만 기다린다.

늦어도 너무 늦었지만 내가 생각해도 한심한 건, 살림의 기본적인 덕목에도 한참 빠지고 살았다. 간장 고추장을 제대로 담글 줄 아나, 김치를 종류대로 맛깔스럽게 담금줄 아나, 집안을 반질반질 윤을 낼 줄 아나, 그저 자식들 공부에만 온 정성을 기울였다. 다 타고난 재주도 복도 다른 걸 박사 학위만 받으면 최고인 줄 알았다.

무술년(2018) 계획은 첫째도 말째도 '청소'에 중점을 두었다. 내가 제일 싫어하는 것이 바로 청소였다. 쓸고 닦는 게 귀찮아 큰 집을 좋아하지 않았다. 그중 걸레 빨기가 싫어 그것을 세탁기에서 돌리곤 했다. 언제나 집 안 구석구석은 먼지투성이다. 이건 아니다 싶어 마음을 모질게 바꾸었다. 웬일일까, 무슨 일인지 내게 걸레 빠는 취미가 붙은 거다. 그렇다고 남의 집처럼 반들거리게 하지는 못해도 다달이 세우는 계획은 청소가 여전히 첫 번째가 되었다. 옛날 사십이 되었을 때, 그때도 걸레라도 깨끗이 빨아보자며 결심한 바 있었다. 그러나 한 달을 채우지 못했다. 이젠 아니다. 이일에도 재미가 붙은 것이다.

나의 반전(反轉)의 의미란 의식의 전환 또는 자존심의

문제일 수도 있다. 청소도 제대로 못 하고 사는 내게 청소는 내 아킬레스건이었다. 노래가 무서워 노래방도 못 가는 내가 너무 못나 보였다. 나의 반전이 이런 거라는 걸 남들이 알면 우세스러운 일이다. 나의 반전의 또 다른 의미는 아마 인간 본성의 회복일 거다.

반전의 변화란, 뒤바뀌기 또는 뒤집기일 것이다. 경기(競技)에선 특히 극적일 것이다. 인생이란 긴 마라톤에서의 역전은 더 극적이다. 문학은 어떠한가. 그 역시 반전의 묘미가 그 맛이다. 인생 역시 그러하다. 한 사람의 인생은 때론 소설보다 더 처절, 처참할 수 있다. 해피엔딩이 좋다. 해피엔딩이 희망과 기쁨을 주기 때문이다. 종교만 구원을 주는 건 아니니까.

내가 쓰는 수필도 반전을 꿈꾼다. 소설이나 드라마의 끝은 대개 반전된다. 오리무중의 안개 속에서 헤매며 읽는 내내 반전의 묘미를 기대한다. 한 사람의 인생은 분명 소설보다 영화보다 더 극적인 경우도 많지만, 심히 뒤집힐수록 주인공은 더 비극으로 치닫는다. 역시 문학도 해피엔딩이 좋다.

인생은 비극처럼 비극이기도 쉽지 않고 해피엔딩만큼 해피하게 끝나기도 쉽지 않다. 살아가면서 인생 역전까지는 아니어도 누구나 반전을 꿈꾼다. 내가 꿈꾸는 반전이란 뒤집기가 아닌, 오히려 인간으로서 정상적인 궤도 진입에 있다.

유치원에서 자연스레 배워 익혔어야 할, 할머니나 어머니에게서 눈으로 입으로 귀로 배웠어야 할 기본적 덕목이다.

나의 반전, 회귀(回歸)이다.

6부

여인 삼대 三代

별을 진 당나귀

노인과 아이

세 살배기

다시 태어난다면 2

며느리 삼대

서울이여 안녕

별을 진 당나귀

첫 수필집 『꽃짐을 진 당나귀』를 검색한다. google에 들어가니 사석원 화백의 '당나귀와 꽃'을 비롯해 장미꽃을 등에 가득 실은 당나귀가 함께 나온다. 해바라기 꽃을 가득 실은 당나귀도 나온다. 나의 당나귀가 실은 꽃은 매화였지만 화백께선 당나귀의 등에 장미를 아주 푸짐하게 실어 주었다. 그렇다면 화백께서도 당나귀를 좋아하셨나? 너무 측은 하셨던 건 아닌지. 나는 하필 그 많은 동물 중에 왜 우습게 생긴 당나귀를 좋아하는지. 게다가 나를 당나귀로 생각하고 살았을까.

당나귀와 나는 일맥상통하는 동병상련의 아픔을 지녔다. 어려서 내가 알던 당나귀는 '임금님 귀는 당나귀 귀'

의 귀가 아주 큰 나귀였다. 다음은 소금을 싣고 냇물을 건너다 넘어져 그 물에 소금이 씻겨나가 짐이 가벼워진 걸 알아차린 꾀 많은 당나귀, 다음번엔 솜을 지고 가다 일부러 냇물에 쓰러져 짐이 더 무거워진 미련쟁이 당나귀, 그런 당나귀가 바로 나였다. 하나 더 꼽는다면 그림 형제의 동화인 '당나귀 왕자'에서 당나귀로 태어나 왕자 자신의 자리로 되돌아간 당나귀를 알고 있다. 그게 당나귀들의 꿈 아닐까.

당나귀의 임무는 예나 지금이나 짐을 지는 일이다. 어찌 보면 나나 당나귀의 역할은 거기서 거기다. 나뿐만 아니라 우리 동시대에 태어난 맏아들이나 맏딸의 역할은 당나귀와 진배없다. 나는 친정을 도와야 했다. 남편의 환경도 별 차이 없었다. 그러다 보니 시집 형제에게도 친정 형제에게도 맏이 역할을 제대로 해낼 수 없었다. 자연 암암리에 자책이 많았고 지청구도 따랐다. 우리 내외는 맏아들과 맏딸로 만나 결혼했으니 두 당나귀에겐 짐이 가중되었을 수밖에.

옛날 중국 윈난성에서 티베트, 인도, 파키스탄에 이르는 좁고 위험한 무역로인 차마고도를 오르내리던 시절부터 현대에 이르기까지 당나귀의 역할은 짐을 나르는 일이다. 이동 수단이 발달한 지금도 히말라야를 오르는 포터들은 당나귀에 짐을 실어 나른다. 또 자동차가 못 들어가는 유럽의 골목길에서도 짐을 나르고, 아프리카 오지의 사람들도 당나귀를 타거나 짐을 싣는다.

생각해 보면 인간은 누구나 영락없는 당나귀다. 어떠한 인생도 피할 수 없는 짐을 져야 한다. 신은 인간을 낙원 '에덴동산'에서 내치시면서 그 임무를 부여하셨다. 이브에겐 아이를 낳아 기르고, 아담에겐 일해서 그들을 먹여 살리라 명하셨다. 사실 인간은 유토피아에서 살아갈 자격이 원초적으로 없는지도 모른다. 결국, 우리 스스로 파기한 것이다.

어떤 인생도 등엔 짐이 있다. 공작처럼 나래를 펴고 사자처럼 으르렁 호령하던 한때도 물론 없지 않았을 것이다. 꽃처럼 피어나던, 꽃길을 걷던 그 한때는 꿈이었다. 그것은 하늘이 부여한 한 점 선물이었을 뿐이다. 모든 생명체에겐 하나 같이 역할이 주어졌기 때문이다.

역할은 다 다르다. 짐의 내용도 다 다르고 짐의 크기도 사람에 따라 천태만상이다. 능력에 따라 그릇의 크기에 따라, 지는 짐은 다르지만, 생존을 위한 고통의 무게는 다를 바 없다. 적자생존을 위한 처절한 인내가 있을 뿐이다. 그런데 사석원 화백께선 당나귀에게 짐 대신 꽃을 실어 주셨다. 나는 그 마음을 안다. 나도 내 당나귀에게 꽃을 실어 주고 싶었다. 아니 별도 달도 실어 주고 싶었다.

  살다 보니 내가 졌던 짐은 아무것도 아니었다. 딱 나의 용량에 맞는 짐이었다. 힘들었다고 엄살과 아우성도 쳤지만, 지나고 보니 그 짐은 어느 날 꽃이 되어 자신에게 향기를 품게 했다.

  아마도 가장 호강하는 당나귀는 미국 민주당을 상징하는 동키가 아닐까. 그들은 등에 별을 실었다. 1828년 7대 대선 때, 촌티 나는 민주당 후보 앤드류 잭슨을 비방하기 위해 공화당에선 그를 수탕나귀로 비하했다. 잭슨은 당나귀는 근면하고 강직한 동물이라며 자신을 당나귀라고 홍보하고 나섰다. 공화당의 공세를 역이용한 것이다. 잭슨은 승리했다. 잭슨의 당나귀는 스물세 개의 별을 지고 미국을 이끌었다.

  그 후 당나귀는 민주당의 마스코트가 되었다. 실상 당나귀는 꾀를 부릴 줄 모른다. 미련하리만치 임무에 충실하다. 고집스러움도 정책을 밀고 나가는 진정성을 대변하는 것이어서 민주당은 심벌 마스코트로 애용하고 있는 듯하다. 별을 단 동키는 장군이 되어 때때로 공화당의 별을 단 코끼리 장군을 밀어낸다.

내 손녀가 그 덕을 보게 되었다. 미국 시카고대학교에서 순수 수학을 전공하는 손녀다. 대학원 마스터 과정을 패스하고 박사 논문을 쓰면서 학부 삼 년 생 미적분 강의에 들어가게 되었다. 스물다섯에 강의를 맡았다. 물론 이것은 수학자(數學者)로서의 길목에 들어선 것에 불과하다. 놀라운 건 시카고대학교에서는 문과 이과를 따지지 않고 미적분 수학을 이수해야 한다는 것이다.

이제 이민과 유학생 정책이 까다롭지 않은 민주당 바이든 대통령이 쉰 개의 별을 등에 지고 미국을 이끌 것이다. 손녀의 진로가 화~안 해진 셈이다. 아기별을 한 개쯤 진 손녀의 당나귀가 자신의 등짐을 지고 인생의 드넓은 밭을 갈아갈 것이다. 내 꿈이 손녀의 등에서 영글어 가고 있는 셈이다. (2020. 12.)

노인과 아이

　네 살 손자 녀석이 우리 집에 왔다. 가끔 만나지만 녀석은 언제나 싱글벙글한다. 식성도 좋아 잘 먹고 잘 놀고 잘 잔다. 거기다 사랑까지 듬뿍 받으니 얼마나 기분이 좋겠는가. 세상 모든 이가 그렇게 늘 행복하다면 얼마나 좋을까. 그리고 보면 기분이 좋을 때 분비된다는 세로토닌이나 엔도르핀이란 해피 엔자임은 잘 먹고 잘 자고 잘 놀아야 많이 생성됨이 틀림없다. 그 신경 전달 물질은 우리의 기분과 비례해서 분비된다니 신기하다.

　그럼 노인은 어떨까. 몸이야 여기저기 신통한 날 하루도 없다. 그렇다고 잘 먹고 잘 자고 잘 놀지도 못하니 행복 물질이 많이 분비될 리도 없다. 거기다 노인을 위한 나라는 없다 했듯이 노인을 좋아하는 젊은이는 드물다. 그럼에도 불구하고 노인은 행복하다. 노인은 지혜로 기분을 만들어 가니까.

작년 겨울 녀석의 집에 갔을 때 일이다.
"하머니 우리 신나게 노라요!" 하면서 세 살 아이가 나를 방으로 끌고 들어간다.
"도이(동이)는 정글포스다! 파~파!"
그러면 나는 침대에서 쓰러져 굴러야 한다. 한참을 그러고 놀아도 어째 좋기만 좋은지! 녀석은 지금도 잠들 때 젖을 먹지만 그때는 수시로 먹던 때였다. 이 할미 보고도 젖을 조금만 달라고 해서 온 식구들이 웃은 적이 있다. 녀석으로 인해 웃을 일이 끊이지 않는다.

녀석은 제 누나와 띠동갑으로 미국에서 태어났다. 동이(태명)는 태어나자마자 바로 찍은 사진에서도 웃고 있다. 언제나 웃는다. 묘한 일이지만 녀석은 제 아빠가 논문 쓰기에 지쳐 기쁨이 없을 때 갖게 된 아이이다. 태중의 아이는 제 부모에게 행복 엔자임(효소)이 되어 모든 일에 변화와 활력을 안겨 주었다. 그야말로 우리 몸 안에서 엔자임이 하는 일처럼 부부 사이가 제 위치로 돌아가고 제 아빠도 하던 연구과제가 술술 풀려 기간 내에 학위를 받았다. 남편 뒷바라지에 힘겹던 제 엄마에겐 크나큰 행복

선물이었다.

아이란 행복 엔자임을 퐁퐁 솟게 하는 마술사다. 녀석이 우리를 향해 사랑의 버튼을 누르면 사랑이 솟고, 평화를 누르면 평화가 넘치고 기쁨의 버튼을 누르면 행복이 넘쳐난다. 녀석만 보아도 웃음과 기쁨이 절로 흘러넘친다. 아이의 온갖 재롱은 무엇이든 내게 전화로 곧 전달이 된다.

녀석이 네 살에 갑자기 말문이 확 트였다. 제 아빠가 퇴근하여 "우리 동이 무얼 하고 놀았냐?" 했더니 "비밀이에요." 했다는 것도, 콩나물을 무치는 엄마에게서 몇 가닥 받아먹고는 "기가 막히게 맛있어요!" 했다는 소식도 나는 그저 놀라울 뿐이었다. 그 아이는 모두에게 행복을 불러오는 아기 천사와 다름없다.

그 애가 꽃을 좋아한다기에 제주의 수선화를 한 아름 택배로 보내주었다. 자식이나 손주 중에 나를 닮은 아이가 없었는데 녀석이 꽃을 그리 좋아한다니. 그 향기를 영원히 기억하리라는 기대에 마음이 붕붕 날았다. 녀석은 놀이터의 블록 틈에 핀, 작은 꽃도 알아보고 관심을 두더라는 말을 듣고 나의 어릴 때와 같다고 생각했다. 그것만으로도 녀석과 나는 명콤비가 될 수 있다.

"하머니, 꼬즌 뭐 먹고살아요?"

"흙 먹고 물 먹고 햇빛 먹고 산단다."

동물도 좋아하는 녀석은 그것들의 이름을 대며 뭘 먹고 사냐고 묻는다. 내가 상어나 문어는 사람도 잡아먹는다고 하면 질색을 하며 손사래를 친다.

녀석이 요즘 유치원엘 다닌다. 네 살, 반이 없어 다섯 살, 반에 들어갔다. 지난해 겨울 녀석 집에 갔을 때 잠시 밖에 나올 일이 있었다. 녀석이 내복 바람으로 재빠르게 빠져나오더니 집 가까이 있는 유치원으로 쏜살같이 들어간다. 원장님이 현관에 계시다가, "바지 입고 양말 신고 다음에 오세요." 하며 아이를 말렸다. 그러나 이미 유치원 안으로 들어가 형들에게 귀염을 받고 있다. 그때는 말도 못 하고 젖 없으면 큰일 나는 아이여서 유치원엘 다니는 건 불가능했다. 그때 한 번 유치원 보내 달라고 떼쓰며 큰 소리로 우는 것을 보았다.

생각해 보면 나 역시 가장 행복했던 때는 어린 시절일 것, 특히 동생을 보기 전은 인생 최고의 행복 정점이었으리. 내가 기억하지 못하는 것들을 엄마에게서 들었다. 잠투정이 심해 업고 살았다던가, 돌 때 만년필을 집었다든가, 동생이 태어나자 갓난쟁이에게 "엄마 젖은 내 것인데 네게 빌려줄게." 했다니 얼마나 깜찍한가. 옆집 다게쨩과 놀다가 엄마한테 "엄마, 나는 앉아서 쉬하는데 다게쨩은 왜 서서 해?" 하는 말도 했다지.

 대여섯 살부터 동생하고 소꿉놀이를 한 기억이 생생하다. 나는 철이 없어 피난 중에도 소꿉놀이를 했고 엄마만 있으면 언제나 그렇게 행복할 줄 알았다. 내게 있어 엄마는 행복 엔자임 자체였다. 그러나 하늘은 가혹하셨다. 어머니는 내가 여고생일 때 돌아가셨고 행복은 그 후 미끄럼을 타기 시작해 지옥까지 내려갔다.

 노인이 되니 다시 행복이 찾아든다. 젊은이가 볼 때 노인의 행복은 남루하기 짝이 없다. 너무나 보잘것없기 때문이다. 마음 안에 별 탐심도 없다. 버릴 것은 이미 많이 버렸다. 남 보기에 나의 행복은 겉으로 드러나지 않지만 내 마음 안에 깊이 고여 있다. 무릎이 쑤시고 허리가 아파서 침을 맞고 뜸을 뜨는 노인들도 진정 지금이 평생 중 제일 좋은 때라 말한다, 며 침을 놓아주던 한의사도 말했다. 버릴 것 다 버린 이들에게 행복은 절대 큰 게 아니다.

 이제 그 진정을 안다. 행복은 곳곳에 널려있다 하더라도 밖에서 절대 줍지 못한다. 젊어서 지구를 몇 바퀴 돌아도 찾지 못한 파랑새를 집에서 찾아낸 것처럼 행복은 가까이에 있다. 젊은 시절엔 누구나 행복을 찾아 밖으로 나돈다. 눈에 보이는 재물과 명예나 권력과 영화 같은 화려

함 속에 행복이 있는 줄 안다. 허상과 진상을 분별할 수 있는 눈이 나이 들자 조금 트였다. 성공이나 명예보다 더 중요한 건 마음을 여는 일이다. 마음이 열리지 않으면 내 옆에 행복이 널려있어도 결코 줍지 못한다. 내 안에 행복도 불행도 있어서 생각에 따라 한쪽으로 기운다는 걸 비로소 깨닫는 나이가 되었다.

사실 삶엔 잠시 잠깐 행복한 순간이 얼마나 많은가. 이순이 되면서 고단하게 살았던 나에게도 행복의 편린들이 저장되어 있다는 걸 기억했다. 돌 때 만년필을 집었다는 사실 하나가 글을 쓰게 만들었을 것이고, 무작정 모 방송국 백일장에 참가하여 처음 써 본 수필로 상을 받게 되었을 것이고. 내 안에 저장되었던 조그만 행복 부스러기가 이렇게 큰 파장으로 되돌아올 줄 누가 알았을까. 글쓰기는 행복 엔자임이 되어 돌같이 단단한 내 정신세계를 부숴버렸다. 무의미한 내 생활을 변화시켜 꿈을 꾸게 했다. 남 보기엔 보잘것없는 글일지라도, 그건 변변찮은 내 삶에 파격으로 다가와 나를 나의 낙원으로 실어가 주었다. 물론 겉으로 보면 예나 지금이나 자랑하고 내보일 번듯한 건 없다. 그러나 그러면서 나이가 들고 내 안에 또 다른 우주가 내재해 있다는 걸 깨달음이 커다란 소득이다.

행복은 결코 큰 데서 먼 곳에서 오지 않는다. 아주 작은

들꽃 한 송이에서도 아름다움을 볼 수 있는 눈이 열리면 행복이다. 행복 엔자임은 내 안에 이미 다 저장된 것, 그것을 꺼내서 요리하면 된다. 그 요리가 하잘것없고 심심할지라도 그것이 바로 노인이 느끼는 행복이다. 노인에겐 나이만큼의 고독과 무관심과 병고가 있으나 그저 그 모든 걸 받아들인다. 슬퍼도 웃고, 무릎이 아파도 금방 웃는다. 아니 그조차 감사하게 받아들이는 마음의 여유가 생긴다. 감사에 따라오는 행복, 바로 노인의 행복이다.

동이 녀석은 제주 할머니 집에서 엄마 아빠와 누나, 모두 같이 살자고 했다. 식구들 모두 바다에 나갔을 때는 금세 마음이 변해서 집에 가지 말고 바다에서 모두 같이 살자고 한다. 아이의 마음엔 사랑이 충만하여 어디서든 좋아하는 사람들과 있으면 행복한 모양이다.

그러던 녀석이 십 년이 흘러 올해(2021년) 미국에서 7학년이 되었다. 그곳에서도 사랑받는 소년이다.

세 살배기

한 장의 흑백사진이 불쑥 나를 사십육 년 전으로 데려간다. 책상 위에 놓여 매일 보면서도 있는 듯 없는 듯 무심히 지나쳤던 사진이다. 사진 아래엔 1973년 9월이라고 적혀 있다. 서른 살의 내가 세 살 아들아이를 세우고 백일 된 딸을 안고 서 있다. 사진 찍기가 취미인 남편 덕에 멋진 사진이 하고 많은데 하필 나는 왜 이 사진에 매여 있을까. 그렇다고 행복한 표정도 아닌데.

나는 그해 아침 먹기 바쁘게 세 살 아들을 내쫓다시피 밖으로 내보냈다. 아파트엔 세 살 동갑내기가 넷이나 있어서 어울려 놀기에 좋았다. 그 아이들은 둘째를 낳기 전까지는 우리 집에서 장난감 놀이를 하며 왕자님 대접도 받았는데, 둘째가 태어나면서 처지가 바뀌었다. 아이들은 문을 열고 집 안으로 들어오는 순간 다 쫓겨나야 했다.

우리 식구는 다섯이었다. 나는 매일 회사 초년생인 시동생 도시락을 싸야 했다. 최초의 백조 세탁기가 있었으나 손으로 일일이 옮겨서 탈수하는 방식이라 별 도움이 되지 않았다. 식구들 벗어놓은 옷과 기저귀는 산더미를 이루었다. 우유 먹이고 젖병 소독하고, 찬거리 사러 시장 다니고, 식사 준비하고. 매일 해야 하는 일에 정신이 없었다. 거기다 두 사람의 와이셔츠와 바지는 매일 다림질하여 대령해야 했다. 아기가 깨서 울며 보채면 일은 자꾸 밀려 가슴을 짓눌렀다. 절절매면서 하루를 보냈다. 나에겐 세 살, 아들과 놀아 줄 마음의 여유도 시간도 남아있지 않았다.

사진 속 내 얼굴은 부기가 덜 빠진 듯 푸석해 보인다. 처음엔 아기에게 모유 수유를 했지만, 내 건강이 실하지 못해서 그런지 두 달 후 생리가 오고 바로 젖이 말랐다. 스트레스 탓이다. 지금으로 치면 산후 우울증과 겹친 셈이다. 세 살짜리는 아침 먹으면 바로 집 앞의 장난감 가게로 출근을 한다. 물건을 해 오느라 문을 늦게 열면 기다렸다가 주인과 같이 들어간다. 아이에게 그런 날은 신나는 날이다. 단골손님이 새 장난감을 구경만 할 리 없다.

다음으로 향하는 곳이 놀이터다. 아이는 용케도 점심

때가 되면 집으로 돌아온다. 매번 구두는 어디 벗어놓았는지 맨발이다. 때론 바지는 벗어, 든 채 윗도리만 입고 온다. 아마 오줌 누고 바지 입기가 어려워 그랬을 것이다. 자전거도 어디에 두었는지 도리질이다. 갓난애가 자는 틈에 뛰다시피 찾다 보면 이 애, 저 애, 타다가 엉뚱한 곳에 있다.

어느 날 아이를 찾으러 놀이터에 간 나에게 어느 할머니가 던진 말, "놀이터에서 낮잠 자는 아이 엄마가 댁이구먼." 세 살짜리는 놀이터 모래 위가 안방이었다. 놀다 졸리면 눕고 다시 깨면 놀고. 두 돌 지나고 얼마 안 되었으니 녀석도 얘기나 다름없었다. 요즘 세 살짜리와 비교해 보면 기가 막힐 노릇이다. 지금의 내 눈에 세 살 아이는 엄마가 잠시도 눈을 떼선 안 되는 아기이다. 그러나 그때 내 눈엔 다 자란 아이로 보였다. 신생아와 비교가 안 되는 다 큰 아이로 보인 것.

와중에 남편이 미국 연수를 떠났다. 바로 앞집에 사는 세 살배기 친구는 제 아빠가 퇴근하면 집 앞에서 함께 놀았다. 무등을 타고 두 팔 잡고 돌기도 하며 재미있게 놀았다. 아들은 그 모습을 넋 놓고 쳐다보는 일이 많았다. 그때 아빠란 존재의 힘을 보았던 것 같다. 여전히 나는 우울했고 삶이 신산했다.

남편이 귀국하여 아파트를 정리하고 한적한 곳에 개인 주택을 마련했다. 젖염소를 기르고 줄장미를 담장에 심고 조롱박을 창가에 올렸다. 남편은 승승장구 잘 나가고 나는 시름시름 살맛을 잃었다. 이번엔 조울 증세까지 합세했다. 좋을 때는 세상에 부러울 게 없었지만, 때때로 이 집구석만 빠져나가면 숨을 쉴 수 있을 것 같았다.

아들은 말썽을 부려본 일이 없다. 유치원 시절부터 대학까지 결석은 사전에 없었다. 사춘기도 없는 듯 보냈다. 국가 지원금으로 일본, 미국 유학도 마쳤다. 그야말로 순풍에 돛 단 듯 중년에 이르렀다. 그리고 어려운 프로젝트를 끝내고 새 발령을 기다릴 무렵 내외가 본가에 왔다.

아들은 아버지와 약주를 했다. 있는 힘을 다해 큰 프로젝트를 잘 끝냈으면 기분이 좋아야 할 터인데 그게 아닌 지친 표정이었다. 게다가 느닷없이 사십 년 넘은 시절로 타임머신을 돌려놓고 있었다. 어릴 때 엄마가 저에게 많은 상처를 주었다며, 까마득하던 시절로 돌아갔다. 심상치 않았다.

서너 살 때의 그 일이었다. 삼십 초반의 나는 몇 해 동안 불면증에 시달리며 몸과 마음이 지쳐 살았다. 친정 쪽으로는 동생 둘을 책임져야 했고, 남편 쪽으로도 사정이 좋지 않았다. 시집 측과의 갈등을 피할 수 없으니 스트레스도 불가항력이었다. 이것을 참고 살자니, 죽을 지경이었다. 영리하고 예민한 아들은 당시 집안 돌아가는 사정도 얼추 눈치를 챘던 것 같다. 내 불편한 심기가 고스란히 아이들에게 전해진 건 불 보듯 빤한 일이었다.

어느 날 새 발령을 받아 잘 근무하리라 믿고 있던 아들에게서 전화가 왔다.
"어머니, 숨이 꽉 막히는 게 금방 죽을 것 같아요."
"죽고 싶어요."
이 무슨 청천벽력이란 말인가. 하늘이 무너지는 소리란 이런 것인가. 우리 내외는 다음 날 이른 버스를 타고 서울로 갔다. 아들은 울먹이고 있었다. 밤엔 잠을 못 자고 낮엔 주변이 산란해서 일에 집중할 수가 없다는 것이다. 어찌 이리 나약해졌단 말인가. 이유가 무엇일까. 마음과 몸의 진액이 어찌 이리 다 빠졌단 말인가. 모든 것이 내 탓만 같았다. 서너 살 때의 상처가 약해진 육신을 뚫고 이제 온몸에 퍼진 건 아닐까. 지난번 집에 왔을 때 했던 투정은 괜한 것이 아닌, 지금의 전조 증상이었구나 하는 감이 바로 왔다. 서너 살 아이의 잠재의식 속에 깊이 남았던 아픔이 약해진 영혼을 비집고 나온 게 틀림없었다. 오래

가두어 있던 슬픔이었다. 그것이 어느 틈에 공황장애로 나타났다고 단정했다. 가슴이 미어졌다.

 사실 아들의 탄생은 내 일생일대의 첫째가는 기쁨이며 행복이고 감동이었다. 태중에서부터 그랬고 동생을 보고 나서도 변함없었다. 그런 내가 내 몸 살자고 어린것을 밖으로 내돌렸다. 어린 아들은 동생만 예뻐하고 자신은 미워한다고 생각한 모양이다. 어린 아들에게 소리 지르고 나무랐던 기억이 떠올랐다. 세상에서 제일 사랑하는 아들, 내 보물이라 생각하면서도 생각과 행동이 달랐던 모순들이 모두 가시가 되어 가슴을 찔렀다.

 세상이 무너진 듯 가라앉았던 아들의 목소리가 차츰 밝아갔다. 아들은 다시 좋아졌다. 나는 그의 전화 목소리만 듣고도 병의 진도를 알 수 있었다. 그때 나는 내가 할 수 있는 일이 아무것도 없음에 괴로웠다. 매일 컴퓨터 앞에 앉아 메일을 써서 보낼 뿐이었다. 나는 아들에게 큰 빚을 진 어미가 되어버렸다.

 한 장의 사진, 쓰리고 아픈 내 역사의 한 단면이었다.

다시 태어난다면 2

나는 언제 다시 또 태어날 수 있을까?

어쩌면 나는 수천 년 전 혹은 그 언제, 이 세상에 태어나 살아본 이력이 있을지 모른다. 그 생에서 후회한 일을 이 현생에서 또 하고 있는지도 모른다. 처음에 풀지 못한 고차 함수가 다음 시험에 나와도 풀기 어려운 법인데, 꽁꽁 감추어진 탄생의 암호를 어찌 풀 수 있겠는가. 태어난다는 건 억겁의 시간과 카오스 속에서 얼마나 많은 우주 에너지의 소용돌이와 융합이 있어야 가능한 일일까. 당장은 내세라는 희망이 있어 하느님을 믿고 부처님을 믿는다. 천국이라든가 극락뿐 아니라 연기설(緣起說)을 생각해 보기도 한다.

오십 대 여자들은 '다음 생에 다시 태어난다면 지금의

남편과 다시 만나고 싶은가?' 하는 질문에 대부분 '노'라 대답한다. 하지만 팔순에 이른 부부의 대답은 좀 다르다. 또 살겠다는 대답이 우세하다. 부부의 연이란 칠천 겁의 세월 인연이 있어야 이루어진다는 말이 있다. 그렇다면 세상에 태어나 부부로 만난다는 자체가 얼마나 큰 축복인가. 게다가 둘 사이에 자식을 둔다는 건 팔천 겁의 세월 인연이 있어야 한다니, 그런 기적적 축복이 어디 있으랴.

오래전 친구에게서 미국 나딘 스테어 여사가 여든다섯에 쓴 '내가 인생을 다시 산다면'이란 시가 왔다. 받은 뒤 며칠 생각해 보다가 다시 태어나고 싶지 않다고 답신을 보냈다. 그녀도 자신도 그렇다고 했다. 지금 한 생만으로도 벅찼기 때문이다. 가수들의 노래 가사에는 지나간 삶으로 돌아가라면 다시 못 갈 것 같다는 내용도 있다. 몇 년 전, 이 제목으로 원고 청탁받았을 때도 나는 다시 태어나고 싶지 않다고 썼다.

최근에 '다시 인생을 산다면'이란 생각을 다시 하게 되었다. 아이들이 태어날 때부터 찍은 사진을 꺼내 보면서 가슴앓이를 했기 때문이다. 시간이 가도 지워지지 않는 아픔이다. 나는 아이들과의 시간을 아쉽게 보내 버렸다. 가장 귀하디 귀한 시간, 진정 아름다운 시간이었다는 걸

그때는 몰랐다. 아이를 낳고 누구보다 행복에 벅찼다. 아들에게 팔 개월만 젖을 먹이고 이유식으로 들어갔다. 모유는 팔 개월이 지나면 영양가가 없어진다고 책에서 말했기 때문, 우유가 아이의 발육에 좋다는 말을 믿었기 때문이다. 하지만 아이는 우유가 맞지 않았는지 설사를 했다. 이미 젖은 말라버렸으니 쌀미음을 이유식으로 대신했다. 포동포동하던 우량아의 얼굴 살이 쏙 빠졌다. 돌 무렵부터는 과자를 얼마나 좋아하는지. 차차 밥을 먹게 되면서 회복했다.

둘째가 태어나면서 시어머니와 시동생이 들어왔다. 무리한 아파트 구입으로 스트레스가 이중삼중으로 겹쳤다. 요즘 말하는 산후 우울증이 왔다. 거기다 일이 많아져 스트레스가 가중되어 내 몸과 마음은 평온을 잃어갔다. 내 삶이 불행하게 여겨졌다. 갓난아기도 본체만체했다. 한 달쯤 지나 아기가 어미와 눈을 맞추며 빵긋 웃었다. 아기의 생존전략이란 생각이 들어 측은지심이 고개를 들었다. 비로소 아기를 돌보기 시작했다. 이미 몸은 지칠 대로 지친 상태라 젖이 말라버렸다. 산후 두 달이 겨우 지났을 무렵이었다. 다행히 딸은 별 탈 없이 우유를 잘 먹었다. 지친 심신으로 내가 할 수 있는 건 아이들을 먹이고 입히고 재우는 것뿐이었다. 듬뿍 애정을 주어도 모자랄 판인데 나는 자식을 소유의 개념으로 대했다는 게 지금 생각이다.

아이들은 그때를 기억하지는 못할 테지만 이미 영혼은 알고 있을 것이다. 그때의 결핍은 영혼 한구석에 그대로 남아 있을 것이다. 나야말로 그 애들에게 진 빚을 어떻게 갚을 수 있을 건지.

대부분 사람은 죽음에 다다르면 생전에 '사랑하지 못한 것'을 제일 후회한다고 한다. 그 시점에 이르면 출세도 명예도 재산도 아무런 의미가 없다. 사랑하지 못한 죄만 남아 그걸 풀지 못하고 가게 되는 걸 괴로워한다고 한다.

마지막 때가 아닌 지금의 나도 뒤돌아보니, 사랑하지 못한 후회에 마음이 무겁다. 그때 무의식중에라도 자식을 내 것이라 여겼다면 크나큰 착각이다. 자식이 어찌 내 소유물인가. 이 세상에 유일무이한 귀한 존재거늘.

모성은 풍화되지 않고 산화되지 않으며 변형이 없는 최고의 사랑이 아닌가.

나는 그 한때 진 빚을 어떻게 갚을 수 있을까?

다시 태어난다면 어떨까, 과연 갚을 수 있을까.

며느리 삼대

아들딸이 결혼하자 우리 내외는 며느리 사랑은 시어머니가, 사위 사랑은 장인이 하기로 정했다. 그래야 맞을 것 같았다. 그렇다고 장모가 넘치는 사위 사랑이야 숨길 수 없는 일 아닌가.

제주에 살 때였다. 눈썹조차 짐이 된다는 삼복 중에 아들네 식구가 귀국했다. 반가운 마음은 이루 헤아릴 수 없지만, 걱정도 없지 않았다. 우리 아파트는 내가 기거하는 안방과 남편이 쓰는 건넌방 둘 뿐이라 이 더위를 어찌 감당하느냐가 문제였다. 아들의 휴가 기간은 보름이지만 사택이 나오려면 한 달이 걸릴지 그 이상일지 미지수였다.

다음날부터는 또 다른 걱정이 더해졌다. 아들이 미열에 심한 편두통을 호소했고, 십팔 개월 손자는 전혀 밥을 먹지 않는다. 그때까지도 젖을 먹이는 며느리는 입안이 헐어 식사를 제대로 할 수 없었다. 아들 가족은 전날 애틀랜타 공항에서 열네 시간 비행기를 탔고 인천공항에 내려 다시 김포공항에서 제주로 온 뒤, 또 한 시간 걸려 우리 집에 도착했다. 밤 아홉 시가 넘은 시간이었다. 여독에 지친 것도 그렇지만 그 여름 국제선 안에서 주로 전염되는 신종 인플루엔자야말로 걱정을 넘어 공포로 다가왔다.

우리는 콩나물시루처럼 아니 타이츠를 입은 듯 꼭 끼는 집에서 더위를 쫓으며, 아들이 내미는 논문집을 받아 들고 눈시울을 적셨다. 사실 근무 때문에 학위 수여식을 한 달 앞두고 미리 귀국했다. 국비로 공부하자니 단 한 시간인들 마음 편할 날이 어찌 있었겠는가. 그렇게 사 년간 쌓은 공든 탑이다. 며느리는 며느리대로 큰 선물을 안고 왔다. 손녀를 낳고 십이 년 만에 손자를 낳은 것이다. 또 지난 오월에 졸업한 손녀는 입학한 중학교에서 여러 테스트를 거쳐 이 학년(7학년)으로 월반하였고, 수학 과목은 8학년 수업을 받게 되었다는 반가운 소식도 있었다.

천만다행으로 신종플루는 비껴갔으나 며느리는 시차 극복이 더뎠다. 닷새가 지나도 맥을 추지 못했다. 아이는 젖에만 의존하려 한 탓에 며느리의 입안은 나을 턱이 없었다. 하는 수 없이 입병에 약이 된다는, 여기 촌사람들의 말을 믿고 보신탕을 사다 먹였다. 미심쩍어하는 손녀에겐 송아지고기라고 둘러댔다.

매일 세끼 밥을 지으며 지금은 잔치 기간이란 생각으로 하루하루를 보냈다. 가능한 한 며느리의 손에 물을 묻히게 하고 싶지 않았다. 묘한 것은 며칠 지난 7월 22일, 개기 일식 날부터 기온이 내려갔다. 또 대만을 강타한 태풍 영향으로 비가 계속 오는 등 날씨가 서늘해서 좋았다. 그럼에도 거실 겸 주방에서 잔치를 치르려니 가스 불의 열기는 한증막을 연상케 했다. 손자는 일 초도 가만히 있지 않았다. 우아한 밥상을 차릴 수가 없었다. 나중엔 상을 차려주고 아이를 데리고 바닷가로 나가고 나서야, 제 어미가 그나마 한 술이라도 편히 뜰 수 있었다.

"시에미 심술은 하늘이 낸단다." 생전의 내 시어머님이 수시로 하신 말씀이다. 그 말로 당신의 심술을 정당화시키셨다. 인격자임엔 틀림없으셨지만 언제나 '죽 쒀서 개 주었다'는 식으로 당신 아들만 대단한 줄 아시고, 며느리를 우습게 여기며 아들을 옹호하셨다. 그때 결심했다. 그런 전통에서 맥을 끊겠다고.

시어머니는 시댁이 이북이라 시댁에 가 본 적이 없으니 며느리의 설움을 아실 리 없다. 설령 며느리 역할의 부당함을 느낀다 해도 나로서는 말 한마디 쉽게 뱉을 수 없는 끼인 세대다. 요즘이야 누가 자신의 며느리에게 합당치 못한 심술을 부리겠는가. 내 며느리는 내 사랑을 짐작하는 듯 한 번도 나를 실망시키지 않았다.

성경의 중심엔 '사랑의 황금률'이[6] 있다. '남이 나에게 해 주기를 바라는 그대로 그에게 해 주어라.' 내가 바랐던 것은 과연 무엇이었을까. 바로 시어머니가 아닌 '어머니'였다. 친정어머니를 일찍 여읜 내겐 늘 친정어머니가 아쉬웠다. 그러나 시어머님은 그 사정을 전혀 모르셨다.

자식들이 온 후 우리 내외는 저녁을 먹고 치우기 바쁘게 십 분 거리에 있는 별당으로 서둘러 갔다. 과수원 안에 있는 휴게실이다. 과수원 저장 창고 안에는 아들이 유학 가면서 옮겨 놓은 이삿짐이 한가득이다. 다행히 컨테이너 하우스를 방으로 꾸며 놓으니 별당으로 훌륭했다. 주로 점심에 밥을 지어먹고 음악을 들으며 일하다 쉬는 곳이지만, 가끔 부부싸움을 하면 남편이 가출하는 곳이기도 하다. 또 열대야가 계속되면 그곳이 시원해서 이용하는 곳이기도 했다. 이번엔 며느리에게 아파트 공간을 넓혀주기 위해 아침, 저녁을 먹기 바쁘게 그곳으로 피해 주었다.

보름 지나 휴가가 끝난 아들은 육지부 직장으로 복귀

---

6) 마태오복음 7장 12절

했다. 손녀는 중학교 입학식에 맞추어 미국으로 떠났고, 손자와 며느리만 남았다. 여전히 미국에서 따라온 이불 채보다 큰 검정 가방 다섯 개가 집안을 차지했다.

원래 우리는 아주 간단히 살았다. 점심은 과수원에서 제대로 잘 만들어 먹었지만, 아침은 점심보다 소박하게, 저녁은 식빵 한 쪽에 주스 한잔이면 끝났다. 반면 아들네는 아침은 안 먹고 점심과 저녁을 잘 차려 먹는 타입이었다. 아이들에게 맞추려 신경 쓰다 보니 생활 리듬이 곧 깨졌다. 한 달간 과수원 풀 한 포기 매지 못하고 그 기간 중 농약을 한 번 살포한 것이 전부다. 우리의 일은 거의 휴업 상태였다.

며느리의 친정 부모님은 오래전 미국에 이민을 떠나셨다. 그래서 그런지 몰라도 며느리는 나를 잘 따랐다. 나는 그 애가 처음 우리 집에 인사 오던 날부터 반해 버렸다. 내 눈에 미스코리아 이상으로 예쁜 건 문제가 아니었다. 내 마음을 받아 줄 줄도 아는 며느리가 늘 대견했다. 애들 신혼 때는 출입구만 다른 같은 동 아파트에서 살았다. 그때 손녀를 낳고 한 달이 지나자 나는 아침을 기다려 부리나케 우리 집으로 아기를 데려왔다. 이 세상에서 나만 손녀가 있는 기분이었고, 세상 어디에도 그렇게 예쁜 아기는 있을 수 없었다. 아기로 해서 살맛이 났다. 우리 어머니도 증손녀가 귀여운지 어머니와 나는 남몰래 손녀 쟁탈전을 벌여야 했다. 큰마음 먹고 내가 어머니에게 아기를 양보했다.

저녁은 우리 집에서 아들 며느리와 같이 먹었다. 그땐 집도 넓었거니와 나도 오십 대 초반이었다. 저녁마다 잔치였다. 그때 어머니와 나, 그리고 나와 며느리, 손녀 사대(四代)가 함께 산 셈이다.

어머니는 무남독녀였지만 일찍 아버지를 여의었고 거기다 시아버님도 일찍 떠나셨다. 나는 육 남매의 맏이였지만 일찍 어머니를 잃었다. 며느리는 삼 남매의 맏이지만 부모님이 한국에 안 계시니, 우리 삼대는 그런저런 공통분모를 가지고 있는 셈이다.

또 우리 세 사람 사이에 공통분모가 있다.

내가 아이들 둘을 낳고 기를 당시 심한 스트레스를 받았듯이, 어머니는 애들 넷을 낳을 때까지 시아버님이 주시는 스트레스를 고스란히 받으셔야 했다. 어머니야말로 애들을 신경 쓸 여유가 없으셨다.

며느리는 다행히 부모 사랑 듬뿍 받고 성장해서 제 아이 둘에게도 사랑을 듬뿍 쏟았다. 애들이 미국에서 유학하느라 떨어져 살아야 하는 애로가 딱하긴 하다.

어머니는 자식과 붙어살아야 행복으로 치셨지만 우리는 뚝뚝 떨어져 살아도 행복하다고 생각했다.

내 며느리는 현재 자식과 만리(萬里)나 떨어졌어도 마음은 지척이다. 애들 생일 때마다 꼭 케이크이며 수수경단과 미역국을 끓여 영상으로 보내준다. 손자 손녀가 생일상을 받은 듯 기뻐한다. 수시로 애들 투정도 다 받아준다. 모든 걸 전화와 인터넷으로 해결해 준다.

옛 어른이신 어머니는 권위와 자존심을 중시하셨고, 낀 세대인 나는 일찌감치 그런 옷을 벗어던지고 그간의 고부지간의 악습을 끊어버리고자 마음먹고 살았다. 어머니는 당신의 며느리들과 손녀와도 기(氣) 싸움을 하신 분이다.

고부 관계, 참 묘한 사이이다. 오히려 낳아준 어머니보다 훨씬 질긴 인연의 끈이다. 생전에 밉던 어머니가 떠나시고 나서야 비로소 내 인생에 바람막이가 되어 주셨던 분이란 걸 깨닫게 되었다. 가신지 십여 년이 넘었지만, 아직도 어머니는 내 마음에 그대로 살아 계신다. 어머니 사진을 책상머리에 모셔 놓았다. 지금도 식탁엔 어머니 자리에 수저가 그대로 놓여있다.

이젠 내가 증손을 볼 나이에 이르러 간다. 한창 내 며느리의 전성시대가 도래하고 있다. 내 사랑하는 후계자이면서 나의 든든한 후견인이다.

서울이여 안녕

어머님은 '서울의 찬가'를 부르시며 눈시울을 적시셨다.
♬ 그리워라 내 사랑아 내 곁을 떠나지 마오.♬
사십여 년 전, 어머님의 환갑 축하 야유회가 무르익었다. '산정호수'의 잔물결이 오월의 태양에 눈부셨으며, 산자락에는 막 신록이 우거지면서 아카시아 꽃향기가 흘러내리고 있었다.
흥이 오르자 노래판이 벌어졌다. 손주들이 춤을 추며 재롱을 부렸고 어머니가 이 노래를 불렀는데, 그 심정을 알 듯했다. 어머님은 서울에서 태어나 피난 시절을 빼고는 줄곧 서울에서 사셨다. 어머님의 세상은 당신이 태어나고 자라서 공부하고, 결혼하여 아이들을 낳고 기른 서울밖에 없었다. 서울은 어머님의 무대였으며, 천당 다음으로 좋은 곳이었다.

 문제는 큰아들 내외가 모든 사회적 '성공'을 뒤로하고 아무런 연고도 없는 제주로 가겠다고 선언했기 때문이다. 혼자되어 여생의 의지처로 생각했던 큰아들을 멀리 보내야 한다는 것, 더 나아가 잘 나가는 불혹의 아들이 '말이나 보낸다는 섬'으로 떠난다는 결정 뒤에 며느리가 있었을 것이란 의혹이 마음을 더 불편하게 했을지 모른다.
 남편은 대기업의 본부장으로 맡았던 프로젝트가 예상 이윤을 내지 못하자, 매일 뒷골이 당긴다고 하소연하던 끝에 사표를 냈다. 그의 나이 마흔한 살이었다. 그런 형편을 모르는 어머님은 모든 것이 며느리 탓이라고 믿어버리셨다.
 우리는 그해 여름 제주로 이사를 했으나, 맏아들이 노후 대책이었던 어머님은 따라나서지 않았다. 집은 그대로 두었고, 어머니의 아들딸이 넷이나 서울에 있으니 그나마 다행으로 여기며 우리는 '서울이여 안녕'을 고했다.
 남편이 미리 가서 집을 짓고 과수원도 돌보고 있었다. 공항에서의 내 심정은 장원급제하여 금의환향하는 득의에 찬 기분이었다. 당시는 아무도 "꿈의 제주"를 알아보지 못하던 원시의 섬이었다. 나는 세상이 나를 축복한다고 들떠있었다. 이국적인 풍광이 나를 사로잡았고 육지와 다른 풍습조차 낯설지 않아 모든 것이 마음에 흡족했다. 아니, 남태평양 어디쯤 신혼여행이라도 가는 양 무조건 좋았다. 무엇보다도 새로운 세계로의 도전이 꿈을 꾸게 했다. 또한, 농과대학 출신의 내게는 또 다른 의미도 있었다.

이 고장의 화장실을 본떠서 그 밑에 토종 도새기를 넣었다. 오리를 마당에 놓아길렀고 어디를 가나 개가 따라나섰다. 애들은 오리 떨어진 초등학교를 걸어 다녔으며, 친구들이 검정 고무신을 신었다고 저희도 따라 신었다. 때마침 프로야구 붐이 불자(1981년) 밀감 과수원의 방풍수인 삼나무를 잘라 방망이를 깎고 비료 포대로 글러브를 만들었다. 공은 학교에 오고 가며 친구들과 고사리를 꺾어 판 돈으로 공동 구매했다. 물론 우리 아들은 가죽 글러브와 알루미늄 배트가 있었지만, 친구들처럼 노는 것을 좋아했다. 남편은 머리와 수염을 기르기 시작했다. 나는 아낙들과 고사리를 뜯으러 다니기도 했고 동네에 잔치가 있거나 초상이 나면 일도 거들었다.

어쨌거나 내게 제주의 첫 일 년은 꿈만 같았다. 캠핑이라도 나온 느낌이었고 매일 주말농장을 드나드는 호사스러운 생활 같았다. 나에겐 농촌을 좋아하는 유전자가 어린 시절부터 유별나더니 이제 소원을 풀은 셈이다.

도농(都農) 간의 세대 교차는 90년이라고 들었다. 남편도 대도시에 염증 날만큼 났던 터라 아주 적응을 잘했다. 그는 난생처음 시골 사람들의 끈끈한 궨당 간의 혈연의 정을 눈으로 보았고 '수눌음'이란 품앗이 풍습을 보았다. 우리는 동네면 동네, 학교면 학교 어디서나 사랑을 받았다.

다음 해 여름 어머니가 다니러 오셨다. 공교롭게도 태풍 '애그뉴'와 동시에 내려오신 것이다. 대형, 태풍을 직접 겪으시자 이곳은 사람 살 곳이 못 된다고 단정을 지어 버렸다. 거기다 화장실이라고 올라가 앉으면 즉시 돼지가 쫓아와 올려다보며 기다리니 그것도 대경실색할 노릇이었다. 무엇보다 동네 노인들이 모두 아들과 같은 울타리 안에 살면서도 따로 밥을 지어먹고, 스스로 나무를 해다 때고, 모든 일을 혼자 해결하며 사는 걸 이해하지 못했다. 그들이 끼니를 해결하는 부엌이란 것도 돌 몇 개로 만든 아궁이에 솥을 건 것이 전부였으니 어머니의 눈엔 아연할 일이었다. 어머니는 제주 사람들은 부모를 공경할 줄 모르는 못된 자식들이라며 끌끌 혀를 찼다.

남편은 통장 잔액이 줄어들자 불안해했다. 오 년째 되던 봄, 서울 친구 회사에서 그를 부르자 우리는 다시 서울 사람이 되었다. 어머니가 몹시 반기셨다. 아들은 초등학교 때는 어린이 회장으로 뽑혔으나, 중학교 때는 전학을 해야 했으므로 학생회장을 포기해야 했다. 전학하느니 독학을 하겠다며 사춘기 특유의 심술을 부렸다. 그러나 녀석은 3월에 전학하여 4월 월말고사에서 저력을 보여 주었다. 아이들은 쉽게 대학에 들어갔고 결혼도 순조롭게 마쳤다. 그러고 나자 우리는 갈 곳이 제주였다. 이제야말로 우리는 우리만의 노후를 위해, 다시 그리운 제주의 밀감 과수원으로 돌아왔다. 두 번째로 '서울이여, 안녕'을 고했다.

그사이 어머니가 팔순이 되었다. 이번에는 마음으로만 '서울의 찬가'를 부를 뿐 '아름다운 서울에서 살렵니다'를 고집하지 않으셨다. 마지못해 우리를 따라 제주로 내려오셨는데 마음만은 늘 서울에 있었다. 봄이면 한차례 서울을 다니러 가시곤 했는데 어떻게 하면 좀 더 머물까, 그 궁리셨다. 오로지 서울, 서울. 그러나 아무 자식도 붙잡아 주지 않는 서울이었다. 제주의 하늘, 꽃, 나무, 그리고 바다조차도 어머니의 마음을 사로잡지 못했다. 바닷물에 손을 적신 적도 없고 과수원의 풀 한 포기도 뽑지 않았다. 누구를 사귄 일도 없이 집안에서 신문과 TV를 보며 뜨개질만 했다.

그렇게 오 년을 버티다 병이 나셨다. 어쩜 그리움이 깊어 외로움 되어 병이 났는지 모른다. 서울의 병원에 입원하고 싶어 했지만, 그곳 자식들은 모두 바쁘게 살았으므로 어머니의 간절한 마음을 아무도 알아주지 못했다. 결국, 어머니는 눈감으시기 얼마 전 모든 것을 체념한 듯 '서울이여, 안녕'을 읊조리셨다.

어머니의 천국과 나의 천국은 같은 곳이 아니다. 어머니는 항상 서울이 그리우셨다. 마치 물고기가 제 놀던 곳을 그리워하듯이. 그런 어머니는 무슨 인연으로 제주에 묻히셨으며, 나는 무슨 인연으로 제주의 우리 과수원을 에덴동산으로 생각하고 살았는지.

나도 어머니의 마음을 알고도 남을 나이가 되었다. 상황은 다르지만, 손자 손녀가 미국에서 공부한다. 아들이 미국에서 학위를 받으러 갔을 때 손자는 그곳에서 태어났고 손녀는 그대로 눌러앉아 버렸다. 며느리 친정이 조지아이므로 손자는 그곳 외갓집에서 학교엘 다닌다. 그리고 몇 년 지나면 우리 아들은 정년을 맞는다. 우리는 아들 내외에게 아이들이 있는 미국에서 함께 살라고 권유했다. 물론 그건 아들 내외의 운명에 관한 문제지만 부모 때문에 망설이지 말라는 배려이다.

맏아들이 노후 대책이던 시대는 이미 전설이 되어버렸다. 언제가 될지 모르지만, 이번엔 내 아들이 서울이여 안녕을 고할지 모른다. 그때 진심으로 축복해 주리.

7부
내 사랑 봉동리

신의 암호를 풀어라

감자꽃 필 무렵

인삼밭에서 벼가 자라기까지

진화와 퇴화

마을자랑-봉동리 작가들

우리는 나그네

신의 암호를 풀어라

　최하위 먹이사슬과 최상위 먹이사슬과의 한판, 단세포와 육십억 세포와의 승부, 과연 게임이 될까. 여과지도 통과하는 머리만 있는 단세포가 인간을 공략하고 있다. 인간은 머리로, 바이러스는 증식으로 겨루는 시소게임에 일단 인간이 밀리고 있다. 이들은 인간의 호흡기관을 거처로 삼자마자 완전 세포를 이루어 증식을 시작하면 초를 다투어 번식해서 공포의 코로나바이러스 감염자가 된다. 고열에 인후염에 기침에, 기관지로 폐렴으로 치닫는다. 통증이 독감의 열 배라니 무섭다 못해 끔찍하다. 까딱하면 보호자도 없이 죽어야 한다.

　생물체 중에서 가장 작은 것, 무생물을 겨우 면한 생명체가 중국 우한에서 왔다. 이들은 야생동물 특히 박쥐 같은 것에 동거하던 생물체였다. 이게 왜 우한에서 생겼느냐 말이다. 우한의 야생동물 시장에서 탄생했다는 게 말이 될까. 전에 없던 일이다. 야생동물과는 기생으로 공생하고 사람은 가장 만만한 적(敵)이라고? 아니 밥이라고? 인수 공동 병원체가 되었다고?

지구인에게 온 재난이다. 지구는 코로나바이러스가 살기에 안성맞춤인 환경이 된 거다. 그래도 백신이 나오기 전쯤 떠날 줄 알았다. 잠시 머물 손님으로 알았는데 영 가실 줄 모른다. 수십억 세포가 단세포에게 계속 밀리고 있다.

백신만이 유일한 희망이었다. 일 년이 지나 백신이 나왔다. 과연 그럼 그렇지! 인구 구백만의 이스라엘이 제일 먼저 50% 접종 완료했다. 70에서 80%면 집단 면역이 생긴다고 했다. 이스라엘은 금세 확진자가 줄자 코로나바이러스 프리 free를 선언하면서 환호했고 방역을 던져버렸다. 화이자로 모더나로, 빈체로! 빈체로! 완전 OK!

아이고, 금세 이게 웬일? 따끈한 백신이 식기도 전에 확진자가 증가 일로, 때마침 코로나바이러스 델타라는 변종이 인도에서 시작해 영국이고 미국이고 확진자가 급증했다. 무엇을 믿나. 이기지 못할 바엔 With corona라고?

방역으로 큰소리치던 베트남의 방역이 무너지고 호찌

민시는 셧다운 된 적이 있다. 저개발 동남아 국가 중엔 하루 십만 명의 확진자로 사망자도 늘어 묻을 사이가 없어 급히 냉동 컨테이너가 등장했다. 이번 4차 유행은 전보다 몇 배로 번져 계속 승승장구다.

백신 완료자는 덜 걸리고 예후도 순하고 사망자도 덜 생긴다는 보고로 백신 전쟁은 더 치열해졌다. 바야흐로 3차 접종인 부스타 접종이 한창이다. 그러나 돌파 감염이라고 3차 접종 완료자도 바이러스를 피해 가지 못하는 상황이 되었다. 이 무슨 무적의 코로나바이러스란 말인가.

그럼에도 미국이란 나라는 넉넉한 백신을 소유하고도 2차 백신 완료자가 50%대에서 머뭇거렸다. 배가 불러 그러한가, 참으로 묘한 국민이다. 마스크 쓰기도 거부하더니 누구 말도 안 듣는다. 백신 부작용 때문일 것이다. 그래 저래 확산 일로다.

우리나라 K 방역도 4단계로 격상한 상태다. 밀집, 밀착, 밀접을 피하는 게 최고 방역이기 때문에 꼼짝 말아야 한다. 우리가 사는 소도시도 한때 식구 두 사람 중 한 사람은 PCR 검사를 권했다.

대재앙이다. 언제까지, 어디까지 갈까. 머리만 있는 단세포가 숙주를 만나 완전 세포가 되면 비말에 묻어 날아다니며 사람들을 감염시킨다. 이렇게 빠른 게 또 무엇이 있겠는가. 번식력으로 치면 가히 빛의 속도가 아닌가. 전파력이 빠른 변종 델타 바이러스가 도착한 지 한참 되었다. 뮤 변종이 생겼다는 보고도 뜨고 있다. 2021년 말 열다섯 번째 변종인 오미크론 바이러스가 남아프리카 공화국에서 시작해서 공포의 속도로 번지고 있다. 2022년 1월 12일 미국 일일 확진자는 백오십만 명을 기록했다. 유럽은 하루 확진자가 백만 명 이상이란다. 앞으로 세계 인구의 절반이 감염될 것이라고 예고했다.

현대인이 쌓아 올린 바벨탑은 철옹성일까. 아직 코로나 감염은 정점을 찍지 않았다. 인간은 지금이라도 신의 암호를 풀어야 한다. 메르스, 에볼라, 신종플루 등 몇 번의 경고 카드가 있었지만 잘 지나갔다. 이번 코로나 19는 만만치 않은 옐로카드다.

인간만 신음하는 게 아니라 지구도 앓고 있다. 온실가스로 기온이 상승하는 건 지구의 염증(炎症) 지수가 높아졌다는 증거다. 오물로 뒤덮인 지구는 숨을 제대로 쉴 수 없다. 열병에 걸린 지구의 통증을 어떻게 치료할 것인가. 이것은 코로나 19의 박멸보다 원초적으로 힘들다. 자연이 인간을 해칠 수밖에 없는 환경이 된 상태다. 인간이 망친 자연이 그대로 인간에게 재앙으로 돌려주고 있다. 백신이 나와 사람만 살려낸다고 끝날 일인가. 답이 다 나온 신의 수수께끼다. 인간은 유턴해서 뒤돌아가야 한다.

지지난해 여름, 미 서부 캘리포니아가 44℃를 웃돌면서 산불이 났고 일주일째 그 불을 잡지 못했다. 코로나바이러스도 불일 듯 불어나 당시 캘리포니아는 COVID 19 확진자가 미국에서 제일 많았다. 지구의 허파 아마존도 불타고 빙하는 녹고 있다. 대기의 기온이 평균 1℃ 이상 상승했다. 겨울은 짧아지고 여름은 길어졌다. 중국의 대홍수, 우리나라의 유례없던 장마일 수, 산사태와 홍수로 인한 물 위를 덮은 쓰레기들, 바닷물엔 미세 플라스틱이 심해까지 번져있다. 어찌 온갖 생물과 사람과 지구가 성할 수 있을까. 집을 잃고 일자리를 잃은 지구인은 분노한다. 손발이 묶였으니 무엇을 먹고살며 가정은 어떻게 유지하란 말인가.

단세포와 수십억 세포 간의 한판 대결, 결론이야 수십억 세포를 가진 인간이 일단 이길 것이다. 그러나 파괴된 생태계는 누가 책임질 것인가. 회복시키지 못하는 한, 다음 재앙은 어찌 피할 것인가. 시간이 가면서 바이러스는 진화하여 더 독한 변종이 되어 인간을 희롱하고 있다. 이미 무너지고 있는 자연과 문명의 균형, 느린 회복과 재생, 언제 사람도 지구도 편히 숨을 쉬고 살 수 있으려나.

우리나라도 더는 견딜 수 없어 위드 코로나로 들어갔

으나, 확진자가 무섭게 늘고 있다. 환자 백 명이 입원한 어느 요양 병원은 확진자가 만연하자 병상 부족으로 코호트를 선언했다. 꼼짝없이 갇힌 채 외부 의료진이 치료하고 있다. 오미크론의 등장, 전파력은 더 빠르고 증상은 좀 순하다고는 하는데 with corona가 지속될지 의문이다. 급속히 번지자 다시 정부는 방역 4단계의 수준으로 뒷걸음질. 서서히 확진자가 줄고 있으나 오미크론이 만연하면 어떻게 될지. 화이자의 치료제가 출시되어 현재 치료 중이라니 그나마 위안이 된다. 어느 학자도 지구인 반이 감염되고 나서야 코로나 19는 사라질 거라고. 이 무슨 원자 폭탄 선언인가.

제발 지금이 정점이길 빈다. 꿈의 치료제 '**팍시로비드**'가 우리나라까지 도착했다. 아, 좋은 소식도 조심스럽게 들린다. 정점에서 하향하고 있는 나라가 좀 보인단다. 그러나 어디까지 이는 희망 사항일 뿐이다.

여전히 신은 끊임없이 메시지를 보내오는데 인간은 제대로 알아듣지 못한다. **바로 살라고, 제발 바로 살라고!** (2022. 1. 20. 현재)

감자꽃 필 무렵

 오월, 아카시아꽃이 예년보다 몇 배 실하게 피었다. 이어 감자꽃이 피어야 할 터인데 감자꽃은 피지 않았다. 어째서 감자는 꽃을 포기했을까. 평년보다 기온이 낮은 날이 계속되었다. 이틀 밤 연속 서리도 내렸다. 이 무렵 서리라니. 강낭콩 싹은 겨우 생명을 부지했고 녹두도 자라지 못해 주저앉는 모양새다. 우박이 내린 곳도 있다니 그나마 서리에 그쳐 차라리 고마운 천심이라 할까.
 감자는 내한성(耐寒性)이 강한 식물이라 별 지장이 없으리라 생각했다. 제때 두어 군데 꽃이 피고 봉오리가 맺힌 것을 보았으나 더는 피지 않았다. 하지가 가까워갔다. 감자가 제대로 크기나 했을지 의심이 들었다. 비도 자주 내렸다. 우리 집뿐만 아니라 다른 집도 매한가지다. 꽃이 피면 그것을 따 주어야 감자가 실해진다. 감자꽃이 진 자리엔 토마토 비슷한 열매를 맺는다. 씨앗이다. 감자는 그런 씨앗을 많이 만들어 종족을 보존하려는 게 본능이나, 인간은 꽃을 따 버리고 씨앗도 이용하지 않는다. 대신 감자 몸체에 있는 덩이 눈으로 씨앗을 대신한다.

걱정과는 달리 감자는 유례없이 풍작이다. 마치 어미 닭이 둥지에 알을 품듯 누렇게 변한 모체를 뽑자 큼직한 감자가 대여섯 개씩 정답게 살을 맞대고 있다. 감자는 뿌리 줄기 마디에서 실 같은 끈이 자라고 그 끄트머리엔 콩알 같은 감자가 맺힌다. 어느 순간 줄기 끈이 사라지면서 콩알 같던 감자는 흙 속에 그대로 들어앉아 몸피를 불린다.

그러고 보면 기적 아닌 것이 없다. 탯줄도 다 사라졌는데 무슨 수로 수분과 양분을 공급받았는지 모르겠다. 올해 감자의 생존전략은 씨앗을 비공식적으로 만들어 내는 일이었던가 보다. 꽃을 피우지 않은 대신 감자는 흙 속이고 흙 위고 방울방울 꼬맹이들을 수도 없이 만들었다. 어떤 것은 지표면을 뚫고 나와 초록색으로 변한 채 큼직한 등치의 형제들 위를 덮었다. 비좁은 둥지를 탈출한 녀석들의 생존 방법이 기특하다. 그것들은 식용은 안 되지만 씨앗으로는 손색이 없을 거다. 때늦은 서리를 이겨낸 것들이라 더욱 사랑스럽다. 그러고 보면 감자고 대추고 사람이고 다를 바 없다. 서리며 천둥 벼락 다 겪으면서 인생도 영글어 가니까.

　아버지는 일제 강점기에 감옥도 가셨고 한국전쟁 말기엔 징용도 차출되셨다. 다 이겨내셨으나, 인생 정점이던 마흔셋의 상처(喪妻)는 강진(强震)이었다. 여진(餘震)은 꽃봉오리던 맏딸부터 태어나면서 어머니를 잃은 막내까지 흔들어 댔다. 아버지는 세 번 재혼하면서 차차 무너지셨다. 1940년대에 대학을 나올 정도로 초년 복이 좋으셨던 아버지였다. 한국전쟁의 폐허 속에서도 할아버지의 도움으로 사업을 일굴 수 있었다. 하지만 초년 성공은 중간 상처란 태산을 넘지 못했다.

　꽃을 피우지 못한 채 감자가 서리를 맞듯 우린 그때 된서리를 맞았다. 시든 모체에 달린 어린 감자들처럼 몸도 마음도 의지처를 잃었다. 그 누구도 거들어 주지 않는 세상에서 우린 고랭지 감자처럼 한랭을 감내했다. 맏이인 나와 바로 아래 여동생의 역할이 막중했다. 감자가 서리를 견디며 하지를 넘고 성한 몸으로 세상에 나오듯 우리도 위기를 견디며 여물었다. 그리고 육십 년이 지났다. 이젠 현역에서 모두 은퇴하고 막내 혼자 정년을 두어 해 남기고 있다. 감자 줄기에 가장 작은 콩알처럼 매달려 있던 갓난아기, 그 막내가.

꼴찌가 첫째가 되고 첫째가 꼴찌가 된다더니. 역설적이게도 세월이 흐르면서 맨 마지막 달린 감자가 오히려 큼직하고 알찬 감자가 되었다. 막내는 초등학교를 여섯 번이나 전학해야 하는 고달픈 처지에도 눈에 띄지 않게 평범하게 커갔다. 그 애가 졸업하던 해, 강원도에서는 초등교사가 모자라 고등학교 졸업자 중에 임용고시를 거쳐 교사를 채용했다. 전무후무한 일이었다. 경쟁은 치열했다. 막내는 배운 적 없는 교육학을 밤새워 공부하더니 임용고시에 합격했다. 맨 처음 발령받은 곳은 벽지였으나 동생은 차차 날기 시작했다. 연구 주임, 교무 주임, 교감을 거쳐 현재 교장으로 소임을 다하고 있다. 지금은 교원이 백여 분이나 되고 교감이 둘인 학교의 교장으로 정년을 앞두고 있다.

어린 시절의 혹독한 추위는 어떤 시련도 견딜 수 있는 인내로 마음을 단련시켜 주었다. 나중 난 뿔이 우뚝해진 것도 저절로 우뚝해졌을까. 장석주 시인의 대추가 저절로 붉어지지 않았듯 고난의 시간을 견디고 이겨낸 사람에게 내린 신의 대가(代價)가 아니었을까. 말이 승승장구지 그렇게 되기까지 채워야 할 것도 포기해야 할 것도 많았을 것이다. 그 세계 안의 높은 파고를 넘느라 인생에서 중요한 일도 눈감아 버린 게 한 둘이었을까.

감자는 없어서는 안 될 세계인의 식량자원이다. 꽃 필 무렵 서리를 맞은 우리 밭 감자도 힘든 시기를 잘 견디고 적자생존에 성공했다. 내한성이 강해 고랭지(高冷地)에서도 잘 되는 감자처럼 우리 여섯 감자는 인생 초기의 된서리에 잘 적응하여 생존을 이루었다. 세월이 흐르면서 전후좌우를 둘러보니 산다는 게 기적 아닌 게 없어 보인다.

감자를 캐는 손맛이 어느 때보다 좋은 해이다.

인삼밭에서 벼가 자라기까지

조팝나무 꽃이 핀 듯 망초꽃이 농로마다 화~안 하다. 모내기 철이다.

며칠 전부터 이웃 오 씨네 논에서 요란한 소리가 들린다. 논 주인이 나와 아침부터 새를 쫓느라 빈 냄비를 종일 두들겨 대고 있다. 모내기 철에 웬 새 떼일까.

그 논은 작년까지 5년 내리 인삼밭이었다. 인삼밭 이전엔 논이었던 곳이다. 주인이 서울에서 직장 다니느라 전문 영농회사에서 대행했는데, 그도 귀찮아 아예 개인에게 임대를 주어버렸고, 그 후 인삼밭이 되었다. 그런데 토양 문제인지 인삼은 잘 자라지 않았다. 뿌리가 썩어 육 년을 못 채우고 5년 차에 다 뽑아 버렸다.

논 주인이 은퇴하고 혼자 낙향하면서 집을 수리하고

텃밭에 이것저것 심었다. 인삼을 심었던 밭도 다시 논으로 되살리는 작업을 했다. 되돌리는 것은 논을 밭으로 만드는 것보다 더 어려웠다. 만만치 않은 변수들이 뒤따랐다.

새로 논둑을 만들고 트랙터로 갈고 물을 대고. 논은 수평이 맞아야 물을 고르게 댈 수 있다. 수평이 맞지 않아 높은 부분이 있으면 잡초가 자라서 벼인지 풀밭인지 구별도 어려워진다. 도저로 수평을 맞추고 나서 써레질을 해야 모를 심을 수 있는데, 너무 깊이 논을 파 놓은 탓에 불가능했다. 게다가 물을 오래 대 놓아 트랙터가 들어갈 수 없었다. 써레질을 못 했으므로 볍씨를 직파했다. 설상가상 물이 깊어 볍씨가 활착을 못 하고 밑바닥에서 죽어버렸다.

다시 논의 물을 다 빼고 물에 불린 볍씨를 직파했다. 밭벼 식으로 심은 것이다. 천여 평 수렁 같은 논에 씨앗을 뿌리기는 쉽지 않은 일. 그는 논에 줄을 쳤다. 근데 웬일? 씨 뿌리기를 마치기도 전에 참새 떼가 몰려들기 시작한 것이다. 그때부터 빈 냄비가 등장했다. 잠시 쉬면 어디서 보고 있었는지 수백 마리가 논에 들어앉아 잔치를 벌이고 있다. 논 주인은 종일 뙤약볕 아래서 냄비를 두드렸다. 닷새간 그러고 살았다. 그러는 사이 볍씨가 파랗게 돋았고 금세 주변 벼들을 따라가고 있다. 비로소 논이 된 것이다.

언제부턴가 여기저기 논에 하우스가 들어서고 있다.

논산은 이름난 딸기 산지로 예전부터 논을 갈아 두둑을 만들어 토경(土耕)으로 재배했다. 지금은 고솔 재배라 하여 수경 재배를 많이 한다. 시설은 스마트 농법을 쓰므로 몸이 덜 가는 대신 머리는 많이 써야 한다. 논 하우스에 상추도 심고 토마토도 심는다. 논이 밭이 된 것이다. 아니 딸기 공장, 토마토 공장이 들어선 것이다.

요즘은 이랬다저랬다 논 주인 마음대로지만, 1960년대 쌀이 모자랄 때는 새마을 운동의 하나로 쌀을 증산하기 위해 밭을 논으로 만들었다. 당시는 맨몸으로 삽과 곡괭이로 리어카로, 논을 만들고 벼를 심었으리. 현재는 쌀 소비도 줄고 자유무역협정 FTA로 쌀값이 통제되고 있는 탓에 논을 밭으로 만들어 특작을 하게 되었다. 그러나 점토질은 배수가 어려운 땅이라 인삼이 자라기엔 적절치 않았던 모양이다.

옛날에야 쌀농사가 제일 손이 많이 가서 여든여덟 번 손을 써야 먹을 수 있다고 했다. 요즘은 농지가 잘 정지되고 기계화되어 제일 쉬운 게 쌀농사로 보인다. 못자리를 만들어 볏모를 심는 농가도 없다. 하우스에서 전문으로 볏모를 길러서 공급한다. 미리 겨울에 트랙터로 한 번 논을 갈고 봄에 다시 갈아 물을 대고 써레질해서 물을 빼면 모를 심는 이앙기가 순식간에 심어 놓는다. 물은 농어촌

공사에서 수로를 만들어 공급한다, 금강 물이다. 그러기 위해 금강을 정비한 것이다. 말도 많고 탈도 많았지만, 강을 정비한 덕에 논물 하나는 걱정이 없다. 마을마다 관리하는 책임자가 있고 논 주인은 모터를 설치해 자기 논에 물을 댄다.

벼를 심기 위해 써레질할 때면 백로가 어디서 왔는지 트랙터를 따라가며 수십 마리가 논에서 먹이를 주워 먹는다. 논 속에 살던 미꾸라지나 우렁이가 밖으로 나와 있으니 차려놓은 밥상이다. 어디에서 왔는지 모르지만, 백로는 써레질하는 논을 용케도 찾아온다.

모심는 이앙기는 일본 사람들이 제일 먼저 만들었다. 그 기계야말로 벼농사에선 여자들에게 세탁기가 주는 편리함 이상이다. 예전에는 몇십 명이 종일 심을 일을 순식간에 해치운다. 기계 혼자서 서너 포기씩 떼어내어 열 줄 정도를 단번에 심으며 지나간다.

요즘엔 벼에 농약을 살포하지 않는다. 어찌 된 일인지 옛날에 도열병이니 잎마름병이니 해서 살균 살충제를 안 쓸 수 없었는데 근래엔 농약 치는 걸 볼 수 없다. 이 역시 기적이 아닐 수 없다. 사과나 귤이나 고추는 열 번을 넘게 농약을 살포해야 한다. 울안에 한두 그루 심어 놓은 복숭아고 포도고 농약을 치지 않으며 다 병들어 떨어져 버린다.

이웃 노인 세대들은 영농회사에 논을 내어주었으므로 자기네 논에 벼를 심는 날 논에 얼굴도 비치지 않는다. 그 옛날 일꾼들의 새참과 밥을 논으로 내오느라 여자들은 또 얼마나 수고가 많았을까. 그런 풍경은 어디에도 없고 농촌은 이제 농촌이 아니다. 이웃 간의 인심도 도시와 다를 바가 없다. 서로 부족한 게 없으니 아쉬운 게 전혀 없다. 마을에 구멍가게도 없으니 자연 술꾼도 없다. 모두 대형 마트를 이용한다.

삼사십 년 전만 해도 봄이 어려웠다. 농협에서 영농 자금이 몇십만 원씩 나와 서로 간에 보증을 서며 그 융자를 받았다. 지금은 누구나 농협에 돈을 예금해 놓고 산다. 만일 돈이 필요하면 한 번에 거금을 융자받아 다달이 찾아 쓰지만 그런 농가도 드물다. 모두 넉넉하다. 삼사일 남의 일만 해 주어도 한 달 생활비를 번다. 육이오 직후, 종일 모를 심어주어도 끼니 두 끼가 전부였다. 그중 한 끼니는 집으로 가져와 저녁 못 먹은 식구들을 나누어 먹이기도 했다니 얼마나 어려웠다는 말인가.

현재 우리나라 식량 자급률은 27% 이하이다. 가축에게 먹이는 곡물을 제외하면 50% 정도 자급한다. 물론 쌀 자급률은 97% 정도지만 워낙 밀가루 소비량이 많고 과일을 비롯해 많은 것이 수입된다.

식량은 무기화될 수 있다. 식량이 원자폭탄보다 낫지 않을까. 미국의 곡물 메이저들은 전 세계 곡물 재배현황이나 풍작, 흉작 등을 손에 환히 꿰고 있다. 미국의 곡물 메이저 카길(Cargill)은 세계 곡물 시장의 곡물 점유율 40%, 지구촌 식량을 한 손에 쥐고 있다. 인공위성으로 한 해의 작황을 예상, 예측하여 해당 곡물을 예약하여 사후 곡물값을 쥐락펴락한다. 그렇게 옥수수와 밀과 콩값이 좌지우지된다. 쌀은 우리에게 총칼 이상이니 농부는 총을 들지 않은 군인이다.

여러 의미에서 이웃 오 씨의 쌀농사에 박수를 보낸다. 그의 논에 벼꽃이 피기 시작했다. 풍년 예감!

진화와 퇴화

 인간이 나이 들어 원초적 모습으로 변하는 자연현상은 노화일까, 퇴화일까. 어느 대륙이건 원주민의 모습은 비슷하다. 에스키모라든가 인디언이나 인디오는 완연히 다른 곳에 살았지만, 인간의 원초적 모습이다.
 개량종 맨드라미는 꽃이 한 덩이로 큼직하면서 보기 좋다. 그것을 매년 기르다 보면 시골집 장독대에서 피던 맨드라미처럼 한 포기에서 여러 순이 나와 삐죽하게 꽃이 핀다. 노화가 아니라 토종이라는 재래종이 되어 버린 탓이다. 퇴화이다. 봉숭아도 그러하다. 노랑 소국 분을 들여와 다음 해에 땅에 심어 세월이 가다 보면 꽃은 영락없는 들판의 감국처럼 변한다. 야생 국화가 된다.
 홑겹으로 보아왔던 꽃들이 어느 때 화원에서 겹꽃으로

변해있다. 진화(進化)이다. 볼품없이 홑겹이던 꽃들은 원예학자에 의해 여러 겹의 각양각색으로 만들어져 시장에 나온 것이다. 이런 꽃들이 시간이 가면서 퇴화하여 본래의 모습으로 변하면, 결국은 재래종이란 토종이 되어버린다. 유전자가 토착화되면 토종이 되는 것이다. 종자 시장의 씨앗들도 대개 F1 강세로 만들어 놓았으므로 첫해엔 수량이며 품질이 좋으나 그 씨앗은 다음 해부터 달라진다. 그래서 해마다 새 씨앗을 사야 한다.

모든 꽃은 처음엔 모두 야생화였는데 이것은 유전자 변이 또는 돌연변이를 통해 개량종이 된 것들이다. 장미만큼 품종이 많은 것도 드물지 싶다. 장미의 조상은 향기는 좋지만 볼품없는 찔레꽃(wild rose)이다. 생물은 환경과 시간과 더불어 진화하거나 퇴화한다.

2019년 말 중국 우한에서 시작한 알파 코로나바이러스는 2021년 델타 코로나바이러스로 진화하며 인도에서 하루 확진자가 사십만을 넘겼다. 전파 속도가 몇 배 높아졌다. 브라질 변종도 성했다. 영국은 일찍이 백신을 마친 나라로 알려졌지만, 델타 변종이 나와 4차 팬데믹 중이다. 더더욱 진화한 오미크론 변종이 나와 2022년 벽두부터 유럽이며 미국을 휩쓸고 있다. 델타 변종은 알파에 비해 두 배의 빠른 속도로 확산했지만 오미크론은 그야말로 몇 배인지 분간조차 어렵다.

마치 해일 같다. 산불 같다. 3차 백신을 실시 중이다.

이스라엘은 4차 백신을 접종 중이다. 4차니 5차가 무색하다. 오미크론 변종은 3차 접종자도 감염시키니 말이다. 전파는 빠르지만, 증세는 약하다 하니 그나마 다행이랄까.

현재는 코로나바이러스가 진화로 치닫지만, 어느 시점에선 퇴화가 분명 있기는 할 것이다. 묘한 일은 올림픽 이후 일본이 확진자가 눈에 띄게 줄어들고 있어 희망을 걸었다. 정점을 찍고 퇴화 중이란 의미일까. 그러나 그건 잠시의 호사, 오미크론이 출현하면서 다시 불일 듯 번지고 있다. 정말 알 수 없다. 기다리고 기다리던 치료제가 아, 마침내 2022년 1월 13일 우리나라에 화이자 치료제가 도착했다. 델타 코로나 치료제일 것이지만 일단 오미크론 코로나에도 효과가 있으리라 믿어 본다.

2009년 유행했던 신종플루 인플루엔자는 일 년 후 없어졌다. 그때 나왔던 치료제 타미플루는 현재 독감 치료제로 특효를 보고 있다.

코로나바이러스는 델타에서 열다섯 번째 진화하여 현재 오미크론 코로나가 지구인의 반을 감염시킬 수도 있다니 어쩜 정점에 가까웠을 수도 있다는 추측을 해본다. 정점을 찍으면 퇴화하리라 믿는다. 오미크론 바이러스에서 퇴화하여 독감 바이러스로, 감기 바이러스로, 아니 영원히 소멸할 수도 있다.

실제 집에서 보면 성하던 바퀴벌레가 최 전성시대를 맞고 나서부터 방제약 한 방에 소멸하는 것을 본다, 어느 때 다시 재발할 것도 사실이다. 아직 세계 보건기구는 시발점이 중국 우한의 야생동물 시장이었음에도 그 발생 장소와 원인을 규명하지 못하고 있다. 오리무중이다. 아마 중국 보건 당국은 알고 있지 않을까.

1918년 일차 세계 전쟁 중에 발생한 스페인 독감으로 이 년 동안 세계 인구 약 오천만 명이 사망했다. 하지만 그 바이러스는 사라졌다. 최 전성시대의 정점을 찍으면 약화하여 소멸하게 되어 있다. 지금 무섭게 번지고 있다.

분명 끝은 있을 건데, 인간과 코로나의 한판 대결에 코로나가 맥을 못 쓰는 그런 시대가 곧 오길 고대한다. 아무렴 최상위 그룹인 인간이 최하위 그룹인 단세포에게 희롱당할 수는 없지 않은가.

하지만 현재는 진화 중! 문제는 지구의 통증을 해결해 주는 일일 것이다.

(2022년 1월 현재)

마을 자랑

_봉동리 작가들

우리를 들어오게 한 마을이다. 이곳은 왜 나를 끌었을까. 아마 깊이 파고들면 큰 연결고리가 분명 있지 싶다. 왜 하필 여기였을까. 우연일까. 아무 연고도 없다. 그냥 무언가에 끌려 이곳에 정착한 지 십 년이다.

이사 와서 살고 있는 봉동리는 멀리 논산 훈련소가 보이는 전형적인 농촌 마을이다. 봉동리에는 모두 여섯 개의 자연 부락이 있다. 우리 동네 하봉과 옆 동네 상봉을 비롯하여 소로지, 칠등, 두화, 외송 마을이다. 2010년 기준 봉동리 인구는 천여 명이었다. 지금은 해마다 인구가 줄어 초고령화 마을이 되었다. 논농사와 밭농사로 부촌 마을인데 현재는 딸기를 비롯한 시설 농업이 주를 이루고 있다. 집도 많이 지었지만, 빈집이 늘고 육십 대가 젊은이에 속한다. 나는 초로(初老)에 들어와 이제 머리 염색을 해야 할 시기가 좀 지났다고나 할까.

육십 년대엔 봉동초등학교가 설립될 정도로 아이들이 많았다. 초등학교는 사십여 년(2004년) 만에 폐교되었고, 지금은 초등생 두 명이 인근 황화초등학교에서 제공한 버스를 이용하여 그곳으로 등하교를 한다. 황화초등학교마저 내년(2022)엔 문을 닫는다. 마을 중심엔 보건진료소가 있어 고령화 시대에 큰 의지처가 되고 있다. 읍내까지는 차로 10분 거리지만 버스로는 30분 걸린다. 의외로 이 촌 마을 봉동리에 작가가 많음에 놀란다.

두화마을에는 누구나 다 잘 알고 있는 1946년생 박범신 작가의 생가터가 있다. 그는 이웃 포구 도시 강경중고등학교엘 다녔다. 논산을 대표하는 작가인 그는 현재 가야곡의 탑정호 부근에 집필실을 두고 있다. 논산시의 자랑이기도 하다.

두화 마을엔 또 한 분의 작가가 있다. 초등학교 교장을 지낸 분으로 몇 년 전 이곳에 집필실을 마련하셨다. 동화와 동시와 수필을 쓰는 1947년생인 김숙자 선생님이다. 부여 출신 한남대학교 교육학 박사로 천안 청룡초등학교장을 마지막으로 퇴임하셨다. 열 권이 넘는 책을 집필하셨고, 동시집 '모시울에 부는 바람' '갯마을에서 띄우는 노래' '청개구리의 우편함' 등과 수필집 '성작을 닮아가는 거룩한 시간' '시련은 아무에게나 꽃이 되지 않는다'가 있다. 그는 겨울엔 대전 아파트에서 지낸다.

　소로지 마을에는 이정 작가의 집필실이 있다. 마을 안에는 아직도 그의 문중 어르신들이 계셔서 그의 텃밭 농사를 도와주신다. 그는 주말에는 서울의 가족이 사는 집으로 갔다가 주중에는 이곳으로 내려와 글을 쓰며 지낸다. 점차 이곳 재미에 빠져 텃밭도 커지고 있다. 이정 작가는 1998년부터 북한에 관심을 두고 남북 문화교류 프로젝트에 참여하면서 북한을 왕래했다. 2010년 《계간문예》로 등단하기 전, 경향신문을 비롯해 여러 신문사 기자로 일곱 차례 방북하면서 북한 전문 기자 겸 작가로 활동하였다. 작품으로는 단편소설 「붉은 댕기머리 새」 「별밤 너머」 「삼지연 카페」 「유산」 「만리장성」 등이고 중편 소설로는 「국경의 봄」이 있다. 그는 2012년 장편 소설 『국경』을 출판했으며 2018년, 장편소설 『압록강 블루』를 발표했다.

　나는 이웃 마을에 소설가 이정 작가의 집필실이 있다는 소식을 누구보다도 반겼다. 몇 번 방문하였고 가끔 만난다. 그의 소설 『압록강 블루』를 읽고 다음 선물로 받은 『국경』을 읽으며 그의 팬이 되었다. 그를 소개하고 싶어

독후감을 이곳 지방 신문에 기고하며 그를 자랑했다. 이웃에 훌륭한 작가가 산다는 것은 마을 자랑이며 나의 자랑이기도 하다. 내가 읽은 두 권 다 북한 사람들의 삶과 그들과의 우정을 그린 소설이었다. 저녁나절 산책을 할 때도 가끔 본다.

그는 요즘 모 경제신문사의 2022년 신춘문예 공모작 중에서 단편소설 부분을 재택 심사하고 있다. 삼 백여 편을 둘이 나누어서 하는데 일차 아홉 편을 뽑아 놓고 쉬러 이웃의 친구에게 놀러 왔다. 인근에는 그와 봉동초등학교 동기인 친구가 산다. 독일에서 살다 온 그의 동기는 형님들 논을 관리하며, 자신의 삶을 쓰고 있다. 그날 나도 그의 집에 들렀다가 셋이 차를 마시게 되었다. 이웃에는 이정 작가를 따라온 후배 두어 분이 습작을 하며 살고 있다.

칠등 출신인 서난석 작가는 공주교대를 나와 교편생활을 하다가, 현재 서울에 거주한다. 잡지《에세이 문학》에서 문학 활동을 활발히 하고 있다. 거의 같은 연배의 오길순 작가도 칠등 출신 작가로 공주교대와 서울 교대를 거쳐 교편을 잡았다. 월간《책과 인생》에서 등단, 수필을 쓰며 활동 중이다. 가끔 한국문협 논산지부의 '논산문학'에 출향 작가로 수필과 시를 발표하기도 한다. 월간《한국산문》에서 편집장을 맞기도 했다. 윤여옥 시인은 쎈뽈여고 출신이며 현재 활동 중이다.

　나는 하봉 마을의 끝, '독상자리'에서 호젓이 살며 서울 여러 문예지에서 활동 중이다. 내가 사는 '독상자리'의 의미는 '혼자서 상을 받는다'라는 의미의 상(賞)과 밥상의 의미가 함께 깃들어 있다. 이곳에 터를 잡고 나서 '한국문인협회 논산 문학'에서 예총회장상을 받은 건 순전히 마을 이름 덕인가 보다. '놀뫼신문' 명예기자로 논산이 내 무대가 되었다. 서울의 격월간《에세이스트》와 계간《수필 오디세이》에 수필을 상재하고 있다. 저서로는『꽃짐을 진 당나귀』『제5 계절』이 있고 이번에『베짱이와 일벌의 금혼식』을 출간할 예정이다.

　사실 내가 꿈꾸는 곳은 이니스프리 호수 섬 같은 곳이다. 그 평화롭고 순수한 삶을 지향하며 찾은 곳이 제주였다. 그러나 세월이 지나자 그 농촌은 도시화되어 우리를 떠나게 했다.
　언제부터 나의 이상향은 마음에서 찾아야 했다.
　이곳은 외연으로 보면 경치가 좋은 곳은 아니다. 서리 내린 늦가을부터 들판도 황량하다. 하지만 내연의 풍경을 볼 수 있는 사람들은 그곳이 얼마나 아름다운 곳인지를 안다. 황량한 들판엔 봄·여름·가을·겨울을 거쳐 온 내면의 풍경이 깃들여 있다. 바로 우리의 생명인 쌀 생산지라는 점이다. 벼를 심기 위해 물 댄 무논과 파릇한 모가 자라는 풍경, 벼가 익어가면서 고개를 숙인 황금 들판. 이곳엔 여기에서 인생 사계를 거친 사람만 느낄 수 있는 고요한 풍경이 있다. 그러니 황량한 들판조차 남달리 깊은 눈으로 바라보게 된다. 사실 지상 풍경보다도 이곳은 하늘이 아름답다. 저녁노을이야말로 이름난 곳이다. 여기서 글을 쓰며 그린피아의 삶을 산 지 벌써 십 년이다. 나는 그 기간을 내 인생의 황금시대라고 믿는다. 앞으로도 봉동리에서 글을 쓰며 이니스프리 호수 섬을 그리워하며 살 것이다.

  봉동리에 연을 둔 작가들은 나와 다를 바 없을 생각을 하리라. 이곳에서 좋은 사람들을 만나고 그들의 삶과 늙어 감과 마지막을 세세히 본다. 이웃의 인생을 가까이서 속속들이 보는 건 대하소설을 읽는 것과 진배없다.

  내가 보기엔 한창나이의 이정 작가도 그린피아 속으로 깊이 들어온 느낌이다. 요즘 글을 쓰며 농사짓는 재미에 푹 빠진 듯하여 그를 보는 마음이 흐뭇해 간다.

  나를 받아준 곳, 나의 사랑 봉동리여 영원하길!

우리는 나그네

민들레는 갓털이 안착한 곳이 고향이 된다. 길가의 보도블록 사이에서도 꽃피어 갓털을 날리니, 밭이고 들판이고 없는 곳이 없다. 민들레에 불시착이란 없다. 민들레의 고향은 뿌리내린 곳이니 대한민국 전체가 고향이다, 아세아가 원산지라지만 세상 어디고 뿌리를 내리니 글로벌 족이기도 하다.

이십일 세기의 고향의 의미는 무엇일까.
우리 남편의 세례 대부가 되신 바오로 할아버지는 한국전쟁 때 제주로 피난 오신 분이다. 그분이 그곳에서 현지인과 결혼해서 뿌리를 내리셨다. 50년 열심히 일하며 성공적으로 사셨는데도 동네에선 그분을 피난민이라 부른다. 그분도 자신의 멀고 먼 고향을 그리워했으니 제주는 불시착지임에 불과하다.

    십 년 전 우리는 처음으로 우리의 환승역(그 집)을 거치지 않고 바로 이곳으로 직행했다. 팔자에 이사가 따라다니는지 팔도를 잘도 누비고 다닌다. 이사조차 유전이 되는지 자식들까지 두 해가 멀다고 전근이 된다. 강원도에서 태어난 나는 전국이 홈그라운드인 셈이다. 결혼 전은 차치하더라도, 세 번째 마련한 광명시 '그 집'은 우리의 환승역인 동시에 기점이 되었다. 거기서 제주로 가서 오 년 살다가 다시 '그 집'으로 돌아왔다.
    그리곤 다시 부산으로 갔다가 또다시 광명시 '그 집'을 찍고, 이웃 도시 안산으로 이사했다. 안산에서 남편이 은퇴하고 다시 '그 집'으로 들어와 육 개월 살았나. 그렇게 '그 집'은 환승역이 되어버렸다. 다시 예전에 살았던 제주 중산간 과수원으로 돌아왔다. 그곳에서 다신 옮기지 않을 작정이었다. 내리 14년 살기는 제주가 처음이라 종착역인가 했더니 웬걸 남편이 싫증을 내기 시작했다. 그간 그곳은 차차 옛 모습을 잃고 도시 농촌으로 변해갔다. 결국, 제주도도 불시착지(不時着地)가 되고 만 셈이다.
    우리는 나그네, 고향이 없다. 아니, 어디건 다 고향일 수 있다. 어디도 뿌리를 안 내린 유목민일 수도 있다. 이렇게 방랑자로 불시착지를 헤매다 그가 일흔이 넘었다. 그가 농사일이 힘에 부쳤는지 과수원을 처분하고, 자식들 곁으로 가고 싶어 했다. 집은 또 그대로 제주에 두었다.

항상 변화가 있을 때마다 환승역 광명시 '그 집'으로 들어가서 일 년쯤 살았다. 그곳은 늘 시발점이 되어 주었는데 어찌 이번은 논스톱을 했는지 모를 일이다. 처음으로 환승역을 거치지 않고 제주에서 바로 전라도 근처, 충청도 끝, 논산 훈련소 부근, 이 시골로 온 것이다.

아는 사람 하나 없는 곳이다. 이유라면 딸이 이웃 도시 대전에 산다는 게 전부였다. 이젠 민들레 갓털처럼 여기에 안착했으면 하는 마음이다. 충청도 시골은 텃세가 세다는 귀띔에 미리 이장님께 잘 부탁한다는 편지를 냈다. 이사 오자마자 마을 회관에서 신고식으로 음식 잔치를 했다. 이웃 도시에 자식이 살고 있어서가 아니라 그냥 이곳이 편안하다.

이제 와 보면 우리의 환승역 광명시 '그 집'이 고향이었다는 생각이 든다. 언제나 우리를 반갑게 받아 준 곳이다. 늘 거기 사십 년간 있었다. 밖으로 떠돈 사십여 년간 여섯 번을 들락거렸음에도 그 동네는 이웃도 거리도 그대로였다.

하지만 어찌 그곳만 변화가 없으랴. 시장이 가까이 있

고 KTX 역과 전철역이 가까웠던 그 집은 도로가 될 예정이다. 부근은 최신 상업 타운이 들어설 것이고. 이제 우리의 정다웠던 환승역 광명시 '그 집'은 영영 자취를 감출 것이다.

전국을 떠도는 동안 그 집에서 나오는 집세는 사는 데 큰 도움이 되었다. 제주에서 과수원 하는 동안도 그랬고 논산에서 텃밭과 꽃밭과 더불어 사는 동안도 그랬다. 그 집 덕에 우리는 언제나 넉넉했다.

이제 이곳의 텃밭과 꽃밭은 나의 최종 에덴동산. 영국의 어느 철학자는 '인생의 완성은 정원 가꾸기'라 했다던가. 이곳을 이니스프리 섬으로 만들어 가며 이웃과 정을 붙여가면 고향이 따로 없을 것, 환승역을 거치지 않고 논산에 안착한 후 환승역이 사라지고 말았으니 이곳이 종착역이자, 바로 고향이 될지도 모른다. 그렇다면 그 또한 큰 인연이다.

제주 바닷가 근처에 집이 있지만, 다시 돌아갈 마음이 없다. 전혀 없다. 이제 거긴 바다 곁이긴 해도 텃밭도 꽃밭도 없을뿐더러 내 마음이 떠난 곳이다. 이곳을 그린피아로 꾸미고 에덴처럼 하느님이 늘 함께하시고, 과일이 풍성하고 꽃들과 새들이 노래하는 집으로 만들 거다. 오아시스로 더 푸르러질 그날을 기다리며. 갖은 채소 씨앗을 뿌리고 고추며 콩이며 고구마까지 오십여 가지를 심는다. 이제야말로 나의 최종 이니스프리 섬이 되었으면 한다.

하나,
인생길이 나그넷길이라면, 언제 또 떠남이 있을지 누구도 알 수 없다. 노매드처럼 나그네처럼.

에필로그

내 무대 배경이 바뀌었습니다.

귤나무와 삼나무 그리고 동백나무에서 꽃양귀비가 가득 핀 무대로 제법 화려합니다. 꽃술이 검정인 진빨강의 꽃잎과 흰색 사이의 진분홍, 연분홍, 연연분홍, 꽃술이 노랑인 주홍 꽃잎과 흰색 사이의 주황과 보카시된 색색의 꽃양귀비로 가득합니다.

그 꽃을 좋아하는 이유는 우선 색상이 다양 우아하고 꽃 모양이 하늘하늘 참 예쁩니다. 꽃봉오리는 더 귀엽고요. 이 꽃은 질 때 질질 끌지 않습니다. 이틀 정도 피었다가 네 꽃잎이 마를 사이 없이 확 떨어져 버리니 깔끔합니다. 그것이 참 마음에 듭니다.

이 꽃들이 내 무대 배경이 되었다는 소식을 듣고 에세

이스트의 김종완 선생님은 믿기 어려워했습니다. 내 이미지와 혼동이 된다는 뜻이지요. 차라리 매화나 수선화라면 수긍하셨을 테지요. 사실, 이 꽃은 내 안에 내재된 숨은 색깔일지 모릅니다.

이 무대에 꽃양귀비만 피었다면 사치스러울 수 있습니다. 그러나 거기에 흰 데이지가 무리 지어 함께 피니 화려함은 화사로 바뀝니다. 거기에 색색의 수레국화가 같이 핍니다. 화사함의 극치를 이룹니다. 벌이란 벌들이 다 모입니다. 전생(前生)이 있다면 나는 꿀벌이었을지도 모릅니다. 꿀벌이 나만큼 이 꽃들을 좋아하거든요.

이들의 꽃말이 위로와 위안 그리고 행복이고 인내와 평화와 희망이랍니다. 인생 희수(喜壽)를 지낸 노년이 이들 꽃말 덕에 화사한 한 폭의 수채화가 되었으면 좋겠습니다.

이번 세 번째 수필집 「베짱이와 일벌의 금혼식」의 표지는 이 꽃양귀비꽃들로 장식하고 싶었습니다. 내가 스마트폰으로 우리 집 꽃들을 찍고 또 찍었습니다.

이번 글은 '나' 속의 '나'가 주류를 이룹니다.

제주의 자연 속의 나를 쓴 첫 번째 수필집 『꽃짐을 진 당나귀』의 표지화는 원로 수필가이며 문인화가이신 손광

성 선생님이 '매화를 하나 가득 실은 당나귀'로 그려주셨습니다.

사람들 속의 나를 쓴 두 번째 수필집 『제5 계절』의 표지화는 최종태 교수님의 '축복'이란 그림으로 마리아가 장미 바구니를 머리에 이고 있는 그림입니다.

사실 내 인생이란 글에 표지화를 붙인다면 밀레의 '만종'으로 하고 싶습니다. 그리고 happy ending으로 끝나는 수필 속 신심 깊은 주인공이었으면 좋겠다는 생각을 해 봅니다.

과연 Who am I?
나는 얼마나 나를 알까, 거울 속의 나는 진면(眞面)일까, 사진 속의 나는 누구일까.

'깊이 생각해 보지 않아도 나의 자화상은 한 개로 다 표현될 수 없는 일, 수 개의 페르소나를 가지고 있지 않을까. 수십 개를 지닌 사람도 있을 것, 반 코호도 서른 장의 자화상을 그렸다 한다. 나는 철면피까지 쓴 일은 없었을까. 분명 있다. 때때로 타인의 부정적 행동을 보면서 그래, 바로 저게 내 모습일 수 있을 거로 생각해 본다. 상대가 보여주는 부정

적 요소를 나도 다 지니고 있기 때문이다. 진실을 숨기고 감추며 살다 보니 때때로 속으로 깨질 수밖에 없는 것이다.'

('who are you?' 중에서)

때론 나도 나를 알 수 없다고 말할 수 있습니다. 그러나 내가 쓴 수필 전부를 짜 맞추면 내가 될 수 있을 겁니다. 그들이 나의 자화상일 것입니다. 수필 속 자신의 성격이며 격조며 과거와 현재의 사는 모습과 억눌렸던 아픔도 양심과 라이프 스타일, 이 모두가 합해진 결정체가 '안정혜'일 것입니다. 아무리 글이 미화(포토샵)되었다 해도 추억도 나다운 것일 테고 생각과 유추나 상상도 나만의 모양새를 지니고 있기 때문일 것입니다. 타인의 눈으로 보는 나는 그저 일이(一二) 차원의 단면일 수 있습니다. 그러나 모두를 합한 글은 이미 삼차원을 넘어 사차원이 되었을 테니까요.

(who are you?)

동반자와 엮어 가는 나의 삶, 주인공과 많고 많은 조연과 얽히고설켜서 걸어가는 길, 꽃길일 줄만 알았습니다. 환상이었습니다. 신발이 달 듯 사랑과 신뢰는 세월과 더불어 닳아 버렸습니다. 차차 무미한 듯 무심하게 흘려갔습니다. 참 묘합니다. 무언지 모르는 물질이 사랑도 미움도 밀어내면서 덤덤해졌습니다. 미적지근하고 투명하나 끈끈한 물질이 두 사람 안에 차오르게 된 거지요. 정(情)이랍니다. 그럴 무렵 금혼식을 맞았습니다.

부부란 산과 강물
산은 물을 품어 생명을 잉태하고 물 역시 산을 품어 물길을 불립니다.
산은 물이 없으면 사막이요, 물은 산이 없으면 스밀 곳이 없습니다. 하나
산은 강물을 넘지 못하고 강물 역시 산을 넘지 못합니다.
부부, 산과 강이 만드는 오아시스
꽃이 피고 사랑이 영그니 아름답지 아니한가.
('베짱이와 일벌의 금혼식' 끝부분)

남편을 보내고 참척의 슬픔에 버금가는 피눈물을 흘리는 친구가 있습니다.

백 일이 다 가도록 친구의 목에선 피맺힌 애달픈 소리만 새어 나올 뿐이다. 그래도 난 알아들었다. 마지막 인사 후 남편이 섬망에 들어갔음에도 그 밤 그녀는 같은 서울 하늘

아래 사는 외아들을 부르지 않았다. 이 천금 같은 시간을 어떤 누구와 함께하기도, 빼앗기고 싶지도 않았다. 그녀가 남편의 입을 벌리고 적포도주 한 모금을 입에서 입으로 넣었다. 연속, 네 번을 넣어드렸다. 희미하게 넘어가는 소리까지 들렸다.

('사랑 그리고 마무리 이후' 본문 중에서)

    나는 그 친구가 남편 따라 죽을까 봐 마음 졸이며 이 년을 함께했습니다. 우리의 은사였던 그녀의 남편과 그녀는 여중 일 학년에 만나 여고 졸업반 때 사랑이 싹텄나 봅니다. 그분이 서울로 전근 가시고 그녀가 대학에 들어가면서 본격적으로 만나 적지 않은 나이 차이와 여러 장애를 극복하고 결혼했습니다. 은사님은 아흔여섯에 한 보름 드러누워 계시다 아내 품에서 돌아가셨으니 행복한 분입니다. 친구는 이 년이 넘도록 무슨 추억거리만 보면 웁니다. 그런 날은 그녀의 전화 목소리로 '무슨 일이 있었구나.' 직감합니다. 그녀의 아픔은 살아생전 그 좋은 말, '당신 멋져! 고마워!'란 말을 못 한 것까지 포함됩니다. 남편이 죽고 나서 백 가지, 만 가지를 후회하며 애통해합니다.

    50여 년을 같이 살고도 지난날 못다 한 사랑 때문에 우는 것입니다. 이것이 부부의 애틋한 정인가 봅니다.

나는 친구를 지켜보면서 아, 그렇구나, 둘이 살아 있음이 진짜 행복이구나, 마음 깊이 느끼며 '그대 있음에'를 썼습니다.

인생길 굽이굽이 산마루
팔십 고개 다다르니
노을이 집니다
젊어서 보지 못했던 것
이제 보입니다

그대 있음에
햇살이 빛나고
달빛도 그윽
별빛은 영롱
내 인생도 화~안 합니다

같이
밥을 먹을 수 있음이
이야기를 나눌 수 있음이
의지할 수 있음이 축복이란 걸
예전엔 미처 몰랐습니다

우리는
科學徒
당신은 공과대학
나는 농과대학
인생 전반은 엔지니어로
후반은 그린피아로

인생은 순식간
젊음도 명예도 성공도
인생무상인데
그대 있음에
의미가 다릅니다
('그대 있음에' 본문 중에서)

    삶의 지침을 위해 오랜 세월 성서를 파고들었고 현자(賢者)들의 지혜를 배우고자 장자(莊子) 내편을 파고들었지만, 분위기만 파악했을 뿐, 무엇을 알아챘을까? 메타포와 패러독스가 마음에 와닿았습니다.
    예수는 마음이 가난한 사람이 행복하다고, 우는 사람이 행복하다고 역설하십니다. 예수는 당시에 무식하며 가난했던 하층계급의 어부들을 제자로 삼았습니다. 장자는 예수보다 삼백여 년 전에 중국 전국시대를 살다간 지자(智者)였지만 시대를 넘어 두 분은 일맥상통하는 역설을 주장하고 있습니다.

장자가 진인(眞人)이라 말하는 사람들은 겉모습이 어눌하고 절름발이거나 혹이 달린 조롱감인 불구자로 상상 초월의 인간상들입니다. 사실 그 진인들은 사람의 모습을 한 신인(神人)이었겠지만 전능한 신이 아니라 아무것도 잘하는 게 없습니다. 그럼에도 믿음이 가고 덕이 충만한 자들이었습니다. 그들은 장자 속의 장자 자신이었을 것입니다.

현자인 장자는 옻나무를 관리하는 하급 관리였습니다. 하나 자유를 누리고자 소요유(逍遙遊)를 지향하며 유유자적하고자 했습니다. 당연히 가난했습니다. 식구들을 굶기기 일쑤, 누렇게 뜬 얼굴에 누더기를 걸치고 우거에서 살지언정 초나라 대부가 찾아와 재상이 되어 주기를 간청했으나 거절했습니다. 한 치 앞을 볼 수 없는 난세에 귀재인 그가 그 자리를 허락할 리 없었던 것. 그는 비단옷을 입은 거북이가 묘당(廟堂)에 갇혀 사는 것보다 진흙 속에서 꼬리 치며 사는 게 낫다고 했습니다.

장자 '덕충부'의 상상 초월의 인물들에 빠져「역설적인 삶」을 썼고 그의 소요유 편에 반해서 메타포적「아름다운 소녀와 붕새와 청문회」를 썼습니다.

 인생길엔 두 갈래 세 갈래 길이 나타나 헤매기 일쑤입니다. 살아보니 어느 길이 정답인지 헷갈립니다. 로마로 가는 길이 어디 한 길뿐인가요. 시역피야(是亦彼也), 피역시야(彼亦是也 : 장자 내편 제물이론에서)로 이것 역시 저것이요, 저것 역시 이것이란 뜻입니다. 다 상대적입니다. 실상 안방에 가면 시어머니 말이 옳고 부엌에 오면 며느리 말도 옳습니다. 아는 것이 힘이라면 때론 모르는 것이 약이 될 수도 있습니다.

 성공에도 정답이 없고 인생에는 더더구나 정답이 없습니다. 뒤집으면 정답일 수 있습니다. 성서는 그저 바르게 살라, 바르게 살라하니 그야말로 그 이상의 정답은 없습니다. 천사는 바르게 사는 사람과 함께하고 사탄은 재미에 빠져 취해보라 꼬시니 지극히 어려운 문제입니다.
 ('정답없다' 본문 중에서)

 이상으로 『베짱이와 일벌의 금혼식』의 후기를 마칩니다. 오히려 후기에서 할 말이 많았습니다.

세 권의 수필집을 내며 나는 나목이 되었습니다. 그렇듯 빈 마음으로 다시, 감자 고구마와 땅콩을 심고 고추며 마늘 양파와 김장거리와 콩, 팥, 옥수수를 심으며 갖은 채소와 블루베리와 복숭아와 매실과 사과와 대추의 수확을 기다릴 것입니다.